# 心一堂術數古籍珍本叢刊

書名：華氏天心正運
系列：心一堂術數古籍珍本叢刊　第二輯　堪輿類　無常派玄空珍秘　200
作者：【清】華湛恩　撰
主編、責任編輯：陳劍聰
心一堂術數古籍珍本叢刊編校小組：陳劍聰　素聞　梁松盛　鄒偉才　虛白盧主

出版：心一堂有限公司
地址／門市：香港九龍旺角西洋菜南街五號好望角大廈一〇〇三室
電話號碼：+852-6715-0840　+852-6633-7949
網址：sunyata.cc
publish.sunyata.cc
電郵：sunyatabook@gmail.com
網上書店：http://book.sunyata.cc
網上論壇：http://bbs.sunyata.cc/

版次：二零一七年九月初版
平裝

定價：港幣　二百八十八元正
新台幣　一千一百元正

國際書號：ISBN 978-988-8317-81-3


香港及海外發行：香港聯合書刊物流有限公司
地址：香港新界大埔汀麗路三十六號中華商務印刷大廈三樓
電話號碼：+852-2150-2100
傳真號碼：+852-2407-3062
電郵：info@suplogistics.com.hk

台灣發行：秀威資訊科技股份有限公司
地址：台灣台北市內湖區瑞光路七十六巷六十五號一樓
電話號碼：+886-2-2796-3638
傳真號碼：+886-2-2796-1377
網絡書店：www.bodbooks.com.tw
台灣讀者服務中心：國家書店
地址：台灣台北市中山區松江路二〇九號一樓
電話號碼：+886-2-2518-0207
傳真號碼：+886-2-2518-0778
網絡書店：http://www.govbooks.com.tw/

中國大陸發行・零售：心一堂書店
深圳地址：中國深圳羅湖立新路六號東門博雅負一層零零八號
電話號碼：+86-755-8222-4934
北京地址：中國北京東城區雍和宮大街四十號
心一店淘寶網：http://sunyatacc.taobao.com

# 心一堂術數古籍 珍本 整理 叢刊 總序

## 術數定義

術數，大概可謂以「推算（推演）、預測人（個人、群體、國家等）、事、物、自然現象、時間、空間方位等規律及氣數，並或通過種種『方術』，從而達致趨吉避凶或某種特定目的」之知識體系和方法。

## 術數類別

我國術數的內容類別，歷代不盡相同，例如《漢書・藝文志》中載，漢代術數有六類：天文、曆譜、五行、蓍龜、雜占、形法。至清代《四庫全書》，術數類則有：數學、占候、相宅相墓、占卜、命書、相書、陰陽五行、雜技術等，其他如《後漢書・方術部》、《藝文類聚・方術部》、《太平御覽・方術部》等，對於術數的分類，皆有差異。古代多把天文、曆譜、及部分數學均歸入術數類，而民間流行亦視傳統醫學作為術數的一環；此外，有些術數與宗教中的方術亦往往難以分開。現代民間則常將各種術數歸納為五大類別：命、卜、相、醫、山，通稱「五術」。

本叢刊在《四庫全書》的分類基礎上，將術數分為九大類別：占筮、星命、相術、堪輿、選擇、三式、讖諱、理數（陰陽五行）、雜術（其他）。而未收天文、曆譜、算術、宗教方術、醫學。

## 術數思想與發展——從術到學，乃至合道

我國術數是由上古的占星、卜筮、形法等術發展下來的。其中卜筮之術，是歷經夏商周三代而通過「龜卜、蓍筮」得出卜（筮）辭的一種預測（吉凶成敗）術，之後歸納並結集成書，此即現傳之《易

經》。經過春秋戰國至秦漢之際，受到當時諸子百家的影響、儒家的推崇，遂有《易傳》等的出現，原本是卜筮術書的《易經》，被提升及解讀成有包涵「天地之道（理）」之學。因此，《易・繫辭傳》曰：「易與天地準，故能彌綸天地之道。」

漢代以後，易學中的陰陽學說，與五行、九宮、干支、氣運、災變、律曆、卦氣、讖緯、天人感應說等相結合，形成易學中象數系統。而其他原與《易經》本來沒有關係的術數，如占星、形法、選擇，亦漸漸以易理（象數學說）為依歸。《四庫全書・易類小序》云：「術數之興，多在秦漢以後。要其旨，不出乎陰陽五行，生尅制化。實皆《易》之支派，傅以雜說耳。」至此，術數可謂已由「術」發展成「學」。

及至宋代，術數理論與理學中的河圖洛書、太極圖、邵雍先天之學及皇極經世等學說給合，通過術數以演繹理學中「天地中有一太極，萬物中各有一太極」（《朱子語類》）的思想。術數理論不單已發展至十分成熟，而且也從其學理中衍生一些新的方法或理論，如《梅花易數》、《河洛理數》等。

在傳統上，術數功能往往不止於僅僅作為趨吉避凶的方術，及「能彌綸天地之道」的學問，亦有其「修心養性」的功能，「與道合一」（修道）的內涵。《素問・上古天真論》：「上古之人，其知道者，法於陰陽，和於術數。」數之意義，不單是外在的算數、歷數、氣數，而是與理學中同等的「道」、「理」--心性的功能，北宋理氣家邵雍對此多有發揮：「聖人之心，是亦數也」、「萬化萬事生乎心」、「心為太極」。《觀物外篇》：「先天之學，心法也。……蓋天地萬物之理，盡在其中矣，心一而不分，則能應萬物。」反過來說，宋代的術數理論，受到當時理學、佛道及宋易影響，認為心性本質上是等同天地之太極。天地萬物氣數規律，能通過內觀自心而有所感知，即是內心也已具備有術數的推演及預測、感知能力；相傳是邵雍所創之《梅花易數》，便是在這樣的背景下誕生。

《易・文言傳》已有「積善之家，必有餘慶；積不善之家，必有餘殃」之說，至漢代流行的災變說及讖緯說，我國數千年來都認為天災，異常天象（自然現象），皆與一國或一地的施政者失德有關；下至家族、個人之盛衰，也都與一族一人之德行修養有關。因此，我國術數中除了吉凶盛衰理數之外，人心的德行修養，也是趨吉避凶的一個關鍵因素。

## 術數與宗教、修道

在這種思想之下，我國術數不單只是附屬於巫術或宗教行為的方術，又往往是一種宗教的修煉手段--通過術數，以知陰陽，乃至合陰陽（道）。「其知道者，法於陰陽，和於術數。」例如，「奇門遁甲」術中，即分為「術奇門」與「法奇門」兩大類。「法奇門」中有大量道教中符籙、手印、存想、內煉的內容，是道教內丹外法的一種重要外法修煉體系。甚至在雷法一系的修煉上，亦大量應用了術數內容。此外，相術、堪輿術中也有修煉望氣（氣的形狀、顏色）的方法；堪輿家除了選擇陰陽宅之吉凶外，也有道教中選擇適合修道環境（法、財、侶、地中的地）的方法，以至通過堪輿術觀察天地山川陰陽之氣，亦成為領悟陰陽金丹大道的一途。

## 易學體系以外的術數與的少數民族的術數

我國術數中，也有不用或不全用易理作為其理論依據的，如揚雄的《太玄》、司馬光的《潛虛》。也有一些占卜法、雜術不屬於《易經》系統，不過對後世影響較少而已。

外來宗教及少數民族中也有不少雖受漢文化影響（如陰陽、五行、二十八宿等學說。）但仍自成系統的術數，如古代的西夏、突厥、吐魯番等占卜及星占術，藏族中有多種藏傳佛教占卜術、苯教占卜術、擇吉術、推命術、相術等；北方少數民族有薩滿教占卜術；不少少數民族如水族、白族、布朗族、佤族、彝族、苗族等，皆有占雞（卦）草卜、雞蛋卜等術，納西族的占星術、占卜術，彝族畢摩的推命術、占卜術……等等，都是屬於《易經》體系以外的術數。相對上，外國傳入的術數以及其理論，對我國術數影響更大。

## 曆法、推步術與外來術數的影響

我國的術數與曆法的關係非常緊密。早期的術數中，很多是利用星宿或星宿組合的位置（如某星在某州或某宮某度）付予某種吉凶意義，并據之以推演，例如歲星（木星）、月將（某月太陽所躔之宮次）等。不過，由於不同的古代曆法推步的誤差及歲差的問題，若干年後，其術數所用之星辰的位置，已與真實星辰的位置不一樣了；此如歲星（木星），早期的曆法及術數以十二年為一周期（以應地支），與木星真實周期十一點八六年，每幾十年便錯一宮。後來術家又設一「太歲」的假想星體來解決，是歲星運行的相反，週期亦剛好是十二年。而術數中的神煞，很多即是根據太歲的位置而定。又如六壬術中的「月將」，原是立春節氣後太陽躔娵訾之次而稱作「登明亥將」，至宋代，因歲差的關係，要到雨水節氣後太陽才躔娵訾之次，當時沈括提出了修正，但明清時六壬術中「月將」仍然沿用宋代沈括修正的起法沒有再修正。

由於以真實星象周期的推步術是非常繁複，而且古代星象推步術本身亦有不少誤差，大多數術數除依曆書保留了太陽（節氣）、太陰（月相）的簡單宮次計算外，漸漸形成根據干支、日月等的各自起例，以起出其他具有不同含義的眾多假想星象及神煞系統。唐宋以後，我國絕大部分術數都主要沿用這一系統，也出現了不少完全脫離真實星象的術數，如《子平術》、《紫微斗數》、《鐵版神數》等。後來就連一些利用真實星辰位置的術數，如《七政四餘術》及選擇法中的《天星選擇》，也已與假想星象及神煞混合而使用了。

隨着古代外國曆（推步）、術數的傳入，如唐代傳入的印度曆法及術數，元代傳入的回回曆等，其中我國占星術便吸收了印度占星術中羅睺星、計都星等而形成四餘星，又通過阿拉伯占星術而吸收了其中來自希臘、巴比倫占星術的黃道十二宮、四大（四元素）學說（地、水、火、風），並與我國傳統的二十八宿、五行說、神煞系統並存而形成《七政四餘術》。此外，一些術數中的北斗星名，不用我國傳統的星名：天樞、天璇、天璣、天權、玉衡、開陽、搖光，而是使用來自印度梵文所譯的：貪狼、巨門、祿存、文曲，廉貞、武曲、破軍等，此明顯是受到唐代從印度傳入的曆法及占星術所影響。如星命術中的《紫微斗數》及堪輿術中的《撼龍經》等文獻中，其星皆用印度譯名。及至清初《時憲曆》，置閏之法則改用西法「定氣」。清代以後的術數，又作過不少的調整。

此外，我國相術中的面相術、手相術，唐宋之際受印度相術影響頗大，至民國初年，又通過翻譯歐西、日本的相術書籍而大量吸收歐西相術的內容，形成了現代我國坊間流行的新式相術。

## 陰陽學——術數在古代、官方管理及外國的影響

術數在古代社會中一直扮演着一個非常重要的角色，影響層面不單只是某一階層、某一職業、某一年齡的人，而是上自帝王，下至普通百姓，從出生到死亡，不論是生活上的小事如洗髮、出行等，大事如建房、入伙、出兵等，從個人、家族以至國家，從天文、氣象、地理到人事、軍事，從民俗、學術到宗教，都離不開術數的應用。我國最晚在唐代開始，已把以上術數之學，稱作陰陽（學），行術數者稱陰陽人。（敦煌文書、斯四三二七唐《師師漫語話》：「以下說陰陽人謾語話」，此說法後來傳入日本，今日本人稱行術數者為「陰陽師」）。一直到了清末，欽天監中負責陰陽術數的官員中，以及民間術數之士，仍名陰陽生。

古代政府的中欽天監（司天監），除了負責天文、曆法、輿地之外，亦精通其他如星占、選擇、堪輿等術數，除在皇室人員及朝庭中應用外，也定期頒行日書、修定術數，使民間對於天文、日曆用事吉凶及使用其他術數時，有所依從。

我國古代政府對官方及民間陰陽學及陰陽官員，從其內容、人員的選拔、培訓、認證、考核、律法監管等，都有制度。至明清兩代，其制度更為完善、嚴格。

宋代官學之中，課程中已有陰陽學及其考試的內容。（宋徽宗崇寧三年〔一一零四年〕崇寧算學令：「諸學生習……並曆算、三式、天文書。」「諸試……三式即射覆及預占三日陰陽風雨。天文即預

定一月或一季分野災祥，並以依經備草合問為通。」

金代司天臺，從民間「草澤人」（即民間習術數人士）考試選拔：「其試之制，以《宣明曆》試推步，及《婚書》、《地理新書》試合婚、安葬，並《易》筮法，六壬課、三命、五星之術。」（《金史》卷五十一・志第三十二・選舉一）

元代為進一步加強官方陰陽學對民間的影響、管理、控制及培育，除沿襲宋代、金代在司天監掌管陰陽學及中央的官學陰陽學課程之外，更在地方上增設陰陽學課程（《元史・選舉志一》：「世祖至元二十八年夏六月始置諸路陰陽學。」）地方上也設陰陽學教授員，培育及管轄地方陰陽人。（《元史・選舉志一》：「（元仁宗）延祐初，令陰陽人依儒醫例，於路、府、州設教授員，凡陰陽人皆管轄之，而上屬於太史焉。」）自此，民間的陰陽術士（陰陽人），被納入官方的管轄之下。

至明清兩代，陰陽學制度更為完善。中央欽天監掌管陰陽學，明代地方縣設陰陽學正術，各州設陰陽學典術，各縣設陰陽學訓術。陰陽人從地方陰陽學肄業或被選拔出來後，再送到欽天監考試。（《大明會典》卷二二三：「凡天下府州縣舉到陰陽人堪任正術等官者，俱從吏部送（欽天監），考中，送回選用；不中者發回原籍為民，原保官吏治罪。」）清代大致沿用明制，凡陰陽術數之流，悉歸中央欽天監及地方陰陽官員管理、培訓、認證。至今尚有「紹興府陰陽印」、「東光縣陰陽學記」等明代銅印，及某某縣某某之清代陰陽執照等傳世。

清代欽天監漏刻科對官員要求甚為嚴格。《大清會典》「國子監」規定：「凡算學之教，設肄業生。滿洲十有二人，蒙古、漢軍各六人，於各旗官學內考取。漢十有二人，於舉人、貢監生童內考取。附學生二十四人，由欽天監選送。教以天文演算法諸書，五年學業有成，舉人引見以欽天監博士用，貢監生童以天文生補用。」學生在官學肄業、貢監生肄業或考得舉人後，經過了五年對天文、算法、陰陽學的學習，其中精通陰陽術數者，會送往漏刻科。而在欽天監供職的官員，《大清會典則例》「欽天監」規定：「本監官生三年考核一次，術業精通者，保題升用。不及者，停其升轉，再加學習。如能黽勉供職，即予開復。仍不及者，降職一等，再令學習三年，能習熟者，准予開復，仍不能者，黜退。」除定期考核以定其升用降職外，《大清律例》中對陰陽術士不準確的推斷（妄言禍福）是要治罪的。《大清律例·一七八·術七·妄言禍福》：「凡陰陽術士，不許於大小文武官員之家妄言禍福，違者杖一百。其依經推算星命卜課，不在禁限。」大小文武官員延請的陰陽術士，自然是以欽天監漏刻科官員或地方陰陽官員為主。

官方陰陽學制度也影響鄰國如朝鮮、日本、越南等地，一直到了民國時期，鄰國仍然沿用着我國的多種術數。而我國的漢族術數，在古代甚至影響遍及西夏、突厥、吐蕃、阿拉伯、印度、東南亞諸國。

## 術數研究

術數在我國古代社會雖然影響深遠，「是傳統中國理念中的一門科學，從傳統的陰陽、五行、九宮、八卦、河圖、洛書等觀念作大自然的研究。……傳統中國的天文學、數學、煉丹術等，要到上世紀中葉始受世界學者肯定。可是，術數還未受到應得的注意。術數在傳統中國科技史、思想史，文化史、社會史，甚至軍事史都有一定的影響。……更進一步了解術數，我們將更能了解中國歷史的全貌。」（何丙郁《術數、天文與醫學中國科技史的新視野》，香港城市大學中國文化中心。）

可是術數至今一直不受正統學界所重視，加上術家藏秘自珍，又揚言天機不可洩漏，「（術數）乃吾國科學與哲學融貫而成一種學說，數千年來傳衍嬗變，或隱或現，全賴一二有心人為之繼續維繫，賴以不絕，其中確有學術上研究之價值，非徒癡人說夢，荒誕不經之謂也。其所以至今不能在科學中成立一種地位者，實有數因。蓋古代士大夫階級目醫卜星相為九流之學，多恥道之；而發明諸大師又故為惝恍迷離之辭，以待後人探索；間有一二賢者有所發明，亦秘莫如深，既恐洩天地之秘，復恐譏為旁門左道，始終不肯公開研究，成立一有系統說明之書籍，貽之後世。故居今日而欲研究此種學術，實一極困難之事。」（民國徐樂吾《子平真詮評註》，方重審序）

現存的術數古籍，除極少數是唐、宋、元的版本外，絕大多數是明、清兩代的版本。其內容也主要是明、清兩代流行的術數，唐宋或以前的術數及其書籍，大部分均已失傳，只能從史料記載、出土文獻、敦煌遺書中稍窺一鱗半爪。

## 術數版本

坊間術數古籍版本，大多是晚清書坊之翻刻本及民國書賈之重排本，其中豕亥魚魯，或任意增刪，往往文意全非，以至不能卒讀。現今不論是術數愛好者，還是民俗、史學、社會、文化、版本等學術研究者，要想得一常見術數書籍的善本、原版，已經非常困難，更遑論如稿本、鈔本、孤本等珍稀版本。在文獻不足及缺乏善本的情況下，要想對術數的源流、理法、及其影響，作全面深入的研究，幾不可能。

有見及此，本叢刊編校小組經多年努力及多方協助，在海內外搜羅了二十世紀六十年代以前漢文為主的術數類善本、珍本、鈔本、孤本、稿本、批校本等數百種，精選出其中最佳版本，分別輯入兩個系列：

一、心一堂術數古籍珍本叢刊

二、心一堂術數古籍整理叢刊

前者以最新數碼（數位）技術清理、修復珍本原本的版面，更正明顯的錯訛，部分善本更以原色彩色精印，務求更勝原本。并以每百多種珍本、一百二十冊為一輯，分輯出版，以饗讀者。

後者延請、稿約有關專家、學者，以善本、珍本等作底本，參以其他版本，古籍進行審定、校勘、注釋，務求打造一最善版本，方便現代人閱讀、理解、研究等之用。

限於編校小組的水平，版本選擇及考證、文字修正、提要內容等方面，恐有疏漏及舛誤之處，懇請方家不吝指正。

心一堂術數古籍 珍本 整理 叢刊編校小組

二零零九年七月序

二零一四年九月第三次修訂

# 天心正運

# 天心正運自叙

九宮之圖古矣大戴禮明堂篇二九四七五三六一八明堂九室之制蓋準乎此易乾鑿度四正四維皆合於十五亦謂此圖也其原本出於易與八卦方位相應漢儒皆能言之而以九宮配合三元則自遁甲經始遁甲經曰三元起於九宮通書曰九宮者洛書是也靜則隨方而定動則依數

而行夫隨方而定即地盤之為體也依數而行即天盤之為用也天盤當元本運之盤也八卦九星本無有凶失運則凶本無有吉合運則吉蓋以當元者為旺將來者為生方去者為衰去已久者為死所以楊氏曰天機妙訣本不同八卦只有一卦通蔣氏解之曰一卦指天心正運之一卦也大五行祕訣不過能用此一卦即從此一

卦流轉九星瞭然于乾坤艮巽諸卦落在
何宮二十四干支躔於何地是知入卦九
星隨氣流行隨時變易往來無定若拘泥
於方位板格指為陽者非陽指為陰者非
陰陰陽差錯造福反以賈禍可不慎歟不
揣固陋纂輯成編立說以溯象數體用之
原作表以明所以然之理續圖以定所當
然之法經曰都天大卦總陰陽玩水觀山

有主張惟識此天心正運而後胸中之主張自定也又曰翻天倒地對不同其中秘竅在元空惟識此天心正運而後元空之秘竅悉露也就正有道幸埀教焉時

道光十五年金匱華湛恩自識

# 天心正運目錄

## 卷一

卷二
五行定位圖
二元九運飛星圖
上元二十四山向飛星圖
卷三
中元二十四山向飛星圖
卷四
下元二十四山向飛星圖

三元九運飛星圖

上元一白運圖

上元二黑運圖

# 上元三碧運圖

# 中元四綠運圖

# 中元五黃運圖

中元六白運圖

下元七赤運圖

下元八白運圖

下元九紫運圖

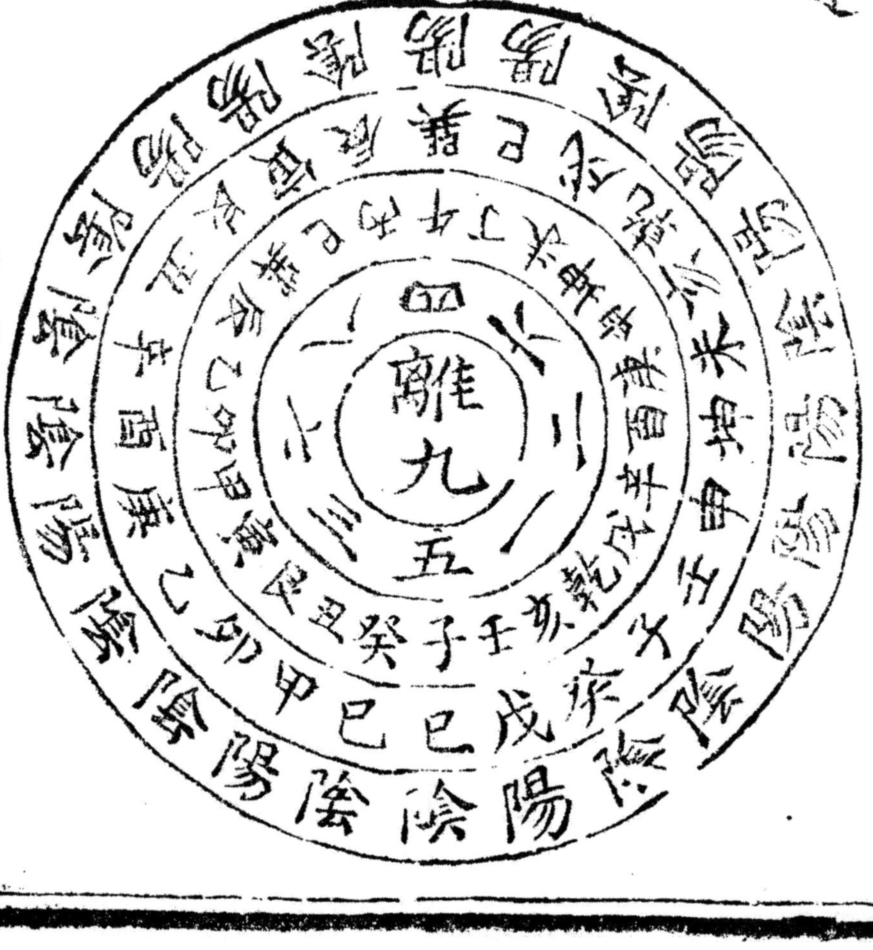

# 天心正運卷一

金匱華湛恩編

## 象數體用溯源說

盈天地之間可見皆象可計皆數雖殊類異形千變萬化曾莫越象數之外曰象曰數有體有用為圖凡四乾上坤下為象之體不必曰包犧先天也離南坎北為象之用不必曰文王後天也一六二七為數之

體。不必曰河圖也。一九三七。為數之用。不必曰洛書也。各疏其原於左。

象體　天地定位以至水火不相射

象用　帝出乎震以至成言乎艮

數體　天一以至地十

數用　履一以至戴九

# 象體圖

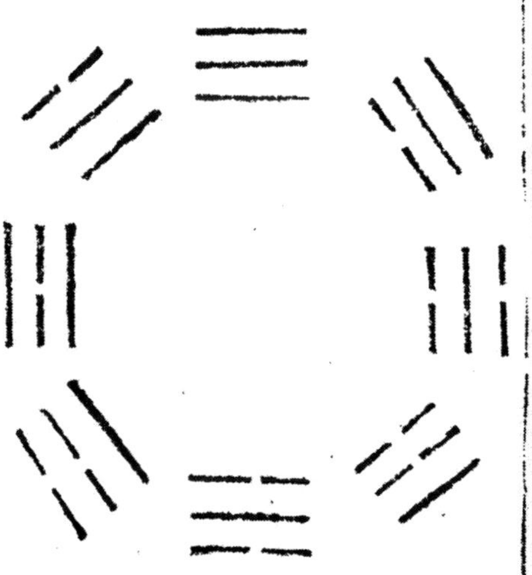

乾上坤下天地之體巽離兌由乾體而索本乎天者親上故附乾震坎艮由坤體而索本乎地者親下故附坤此象之體也乾坤定位六子分行坎離自然當東西之中

而八象對所亦合自然

## 象用圖

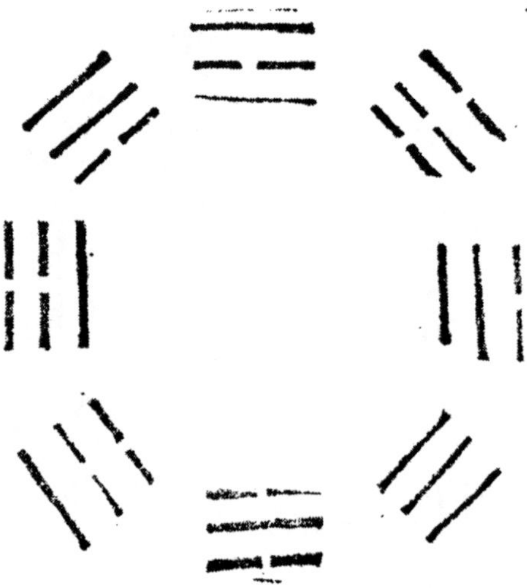

天地位二氣分分必合合必交乾坤交而為坎離離之外具乾之體中則坤致其用坎之外具坤之體中則乾致其用由外觀

之乾坤之體未嘗變其中則交矣故天地之用莫妙於水火雖坎離也實乾坤也乾坤立天地之體而其用藏坎離具乾坤之體而其用著因乾坤之用而圖之坎離居中乾坤居其旁非退乾坤也既交之後下皆乾上皆坤布以為圖乃見如是震艮從乾父而聚於東北巽兌從坤母而聚於西南而陰陽之羣以分乾坤用交餘卦布列

自有出震成艮之序此乃聖人因類辨方，命辭非私出意見，以傳會其說也體圖辨天地之體，而人居中，當立以觀故言上下，用圖合天地之用以利斯世當偃以觀故言方所

# 數體圖

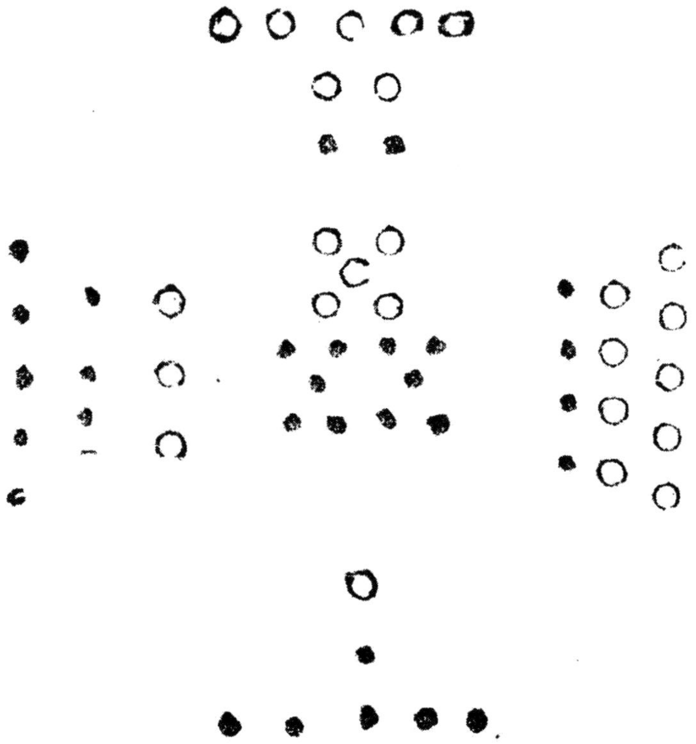

天地既交，數體以立，故天交於下，一居之，平視則北，地交於上，二居之，平視則南，三居東為陽，四居西為陰，五乃居中，自是六合一，七合二，八合三，九合四，十合五，一二三四五，為自然之位，六七八九十，為自然之合，自一至十而數體備，由是而億兆皆十而積也

# 數用圖

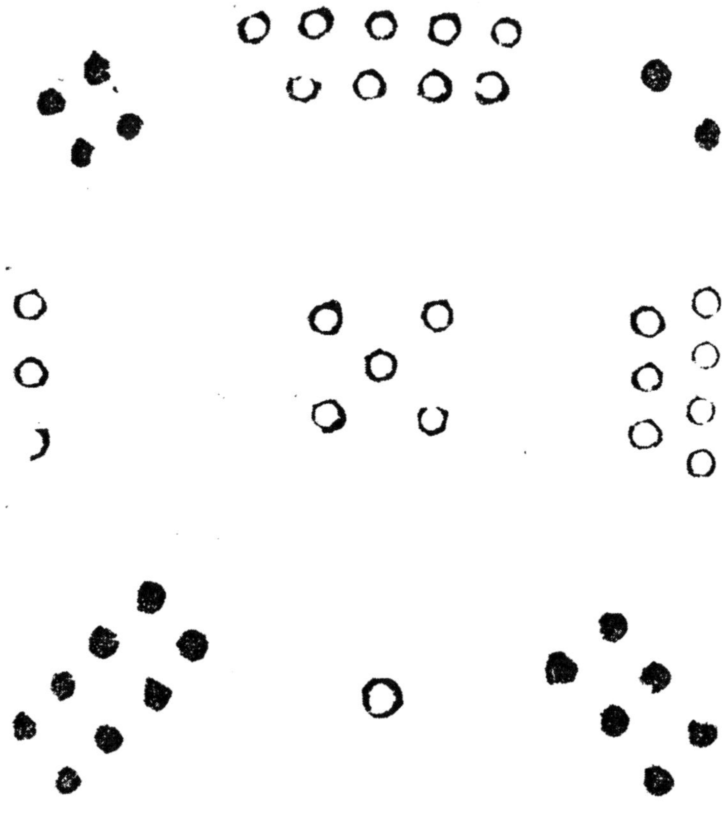

體十而用九、理之自然九可變十不可變
今之因乘法可見也其數一北而二南、陽
三而陰二、陽左旋陰右轉、一在北、一而三
之、三在東、三而三之、九在南、九而三之、七
在西、七而三之、一復其本、二在西南、二而
二之、四在東南、四而二之、八左東北、八而
二之、六在西北、六而二之、二復其本、陰陽
數交、自然定位、不可易置其一、而妙用无

蔣氏曰一此二南今二何為在西南、曰是亦南也、陽數居四方、故陰數在四維猶坎離居中、而乾坤居其旁此圖之形也、識者當以理觀、八數析位因奠八方、五運於中、九位備矣、

右溯未圖之前而深其原其體用如此、若沿已圖之後、而演其流則象體圖有八卦相錯之用、象用圖定八方之體數體圖、有

陰陽合德之用。數用圖類五行之體。體以致用。用不離體。體用二名。則一致也。至於三元九宮。止象數體用之一端爾。

山向陰陽表

乾亥壬艮寅甲巽巳丙坤申庚局

五

戊

陽

子癸丑卯乙辰午丁未酉辛戌局

五

巳

陰

子午卯酉配乾坤艮巽局

| 一 | 二 | 三 | 四 | 六 | 七 | 八 | 九 |
|---|---|---|---|---|---|---|---|
| 子 | 坤 | 卯 | 巽 | 乾 | 酉 | 艮 | 午 |
| 陰 | 陽 | 陰 | 陽 | 陽 | 陰 | 陽 | 陰 |

辰戌丑未配甲庚壬丙局

| 一 | 二 | 三 | 四 | 六 | 七 | 八 | 九 |
|---|---|---|---|---|---|---|---|
| 壬 | 未 | 甲 | 辰 | 戌 | 庚 | 丑 | 丙 |

陽陰陽陰　陰陽陰陽

寅申巳亥配乙辛丁癸局

一二三四　六七八九

癸申乙巳　亥辛寅丁

陰陽陰陽　陽陰陽陰

## 附飛星長生

經曰二十四龍管三卦莫與時師話忽然知得便通仙代代鼓騈闐此即一卦有三卦之說也後人解者紛紛莫肯將真詮透露予特明言以便世人解悟試舉八白運中離卦以明之如八運之壬子癸三山丙午丁三向用向上飛星法丙向順飛至丙

爲一七乃庚也庚乃陽金處丙陽火之方向上本位之火尅飛星之金謂之剋出七又爲失運退氣丁財俱無大不利矣午向逆飛至午爲八八乃艮也艮乃陽土處午陰火之方向上本位之火生飛星之土謂之生出財丁俱洩雖爲旺氣亦何益乎丁向逆飛至丁爲八八乃寅也寅乃陽木處丁陰火之方飛星之陽木生向上本位之

陰火陰陽相生謂之生入又火長生於寅既為當元旺氣又為長生丁財皆旺豈非大利乘推之三元九運二十四山向四十八兼局同此例算之吉凶判然可斷此即入神四個一入神四個二也又卻本山來龍立本向也非是子山來龍立子向也須人自悟之總之先要地盤立局山宜坐生旺向死絕水宜坐死絕向生旺此局即在

四長生中推算五行，再合挨星元運之吉凶，於是地盤合局，天星合運兩者兼之，自然有吉無凶，所以飛星長生相為表裏，二而一者也，世人分開言之，是皆未知青囊天玉諸經之旨耳，

# 飛星順逆表

| | 乾山 | 巽向 | 亥山 | 巳向 | 壬山 | 丙向 |
|---|---|---|---|---|---|---|
| 一運 | 順 | 逆 | 順 | 逆 | 逆 | 順 |
| 二運 | 逆 | 逆 | 逆 | 逆 | 順 | 逆 |
| 三運 | 順 | 順 | 順 | 順 | 逆 | 順 |
| 四運 | 順 | 逆 | 順 | 逆 | 順 | 逆 |
| 五運 | 順 | 順 | 順 | 順 | 順 | 順 |
| 六運 | 逆 | 順 | 逆 | 順 | 逆 | 順 |
| 七運 | 順 | 順 | 順 | 順 | 順 | 逆 |
| 八運 | 逆 | 逆 | 逆 | 逆 | 逆 | 順 |
| 九運 | 逆 | 順 | 逆 | 順 | 順 | 逆 |

| 子山 | 午向 | 癸山 | 丁向 | 丑山 | 未向 | 艮山 | 坤向 |
|---|---|---|---|---|---|---|---|
| 順 | 逆 | 順 | 逆 | 逆 | 順 | 順 | 逆 |
| 逆 | 順 | 逆 | 順 | 逆 | 逆 | 順 | 順 |
| 順 | 逆 | 順 | 逆 | 逆 | 順 | 順 | 逆 |
| 逆 | 順 | 逆 | 順 | 順 | 順 | 逆 | 逆 |
| 逆 | 逆 | 逆 | 逆 | 逆 | 逆 | 順 | 順 |
| 順 | 逆 | 順 | 逆 | 順 | 順 | 逆 | 逆 |
| 逆 | 順 | 逆 | 順 | 順 | 逆 | 逆 | 順 |
| 順 | 逆 | 順 | 逆 | 逆 | 逆 | 順 | 順 |
| 逆 | 順 | 逆 | 順 | 順 | 逆 | 逆 | 順 |

| | | | | | | | | | |
|---|---|---|---|---|---|---|---|---|---|
| 寅山 | 順 | 順 | 順 | 逆 | 順 | 逆 | 逆 | 順 | 逆 |
| 申向 | 逆 | 順 | 逆 | 逆 | 順 | 逆 | 順 | 順 | 順 |
| 甲山 | 逆 | 順 | 順 | 逆 | 順 | 逆 | 順 | 逆 | 順 |
| 庚向 | 順 | 逆 | 順 | 逆 | 順 | 逆 | 順 | 順 | 逆 |
| 卯山 | 順 | 逆 | 逆 | 順 | 逆 | 順 | 逆 | 順 | 逆 |
| 酉向 | 逆 | 順 | 逆 | 順 | 逆 | 順 | 逆 | 逆 | 順 |
| 乙山 | 順 | 逆 | 逆 | 順 | 逆 | 順 | 逆 | 順 | 逆 |
| 辛向 | 逆 | 順 | 逆 | 順 | 逆 | 順 | 逆 | 逆 | 順 |

| 辰山 | 戌向 | 巽山 | 乾向 | 巳山 | 亥向 | 丙山 | 壬向 |
|---|---|---|---|---|---|---|---|
| 順 | 逆 | 逆 | 順 | 逆 | 順 | 順 | 逆 |
| 順 | 順 | 逆 | 逆 | 逆 | 逆 | 逆 | 順 |
| 逆 | 逆 | 順 | 順 | 順 | 順 | 順 | 逆 |
| 順 | 逆 | 逆 | 順 | 逆 | 順 | 逆 | 順 |
| 逆 | 逆 | 順 | 順 | 順 | 順 | 順 | 順 |
| 逆 | 順 | 順 | 逆 | 順 | 逆 | 順 | 逆 |
| 逆 | 逆 | 順 | 順 | 順 | 順 | 逆 | 順 |
| 順 | 順 | 逆 | 逆 | 逆 | 逆 | 順 | 逆 |
| 逆 | 順 | 順 | 逆 | 順 | 逆 | 逆 | 順 |

| 午山 | 子向 | 丁山 | 癸向 | 未山 | 丑向 | 坤山 | 艮向 |
|---|---|---|---|---|---|---|---|
| 逆 | 順 | 逆 | 順 | 順 | 逆 | 逆 | 順 |
| 順 | 逆 | 順 | 逆 | 逆 | 逆 | 順 | 順 |
| 逆 | 順 | 逆 | 順 | 順 | 逆 | 逆 | 順 |
| 順 | 逆 | 順 | 逆 | 順 | 順 | 逆 | 逆 |
| 逆 | 逆 | 逆 | 逆 | 逆 | 逆 | 順 | 順 |
| 逆 | 順 | 逆 | 順 | 順 | 順 | 逆 | 逆 |
| 順 | 逆 | 順 | 逆 | 逆 | 順 | 順 | 逆 |
| 逆 | 順 | 逆 | 順 | 逆 | 逆 | 順 | 順 |
| 順 | 逆 | 順 | 逆 | 逆 | 順 | 順 | 逆 |

| 申山 | 寅向 | 庚山 | 甲向 | 酉山 | 卯向 | 辛山 | 乙向 |
|---|---|---|---|---|---|---|---|
| 逆 | 順 | 順 | 逆 | 逆 | 順 | 逆 | 順 |
| 順 | 順 | 逆 | 順 | 順 | 逆 | 順 | 逆 |
| 逆 | 順 | 順 | 順 | 逆 | 逆 | 逆 | 逆 |
| 逆 | 逆 | 逆 | 逆 | 順 | 順 | 順 | 順 |
| 順 | 順 | 順 | 順 | 逆 | 逆 | 逆 | 逆 |
| 逆 | 逆 | 逆 | 逆 | 順 | 順 | 順 | 順 |
| 順 | 逆 | 順 | 順 | 逆 | 逆 | 逆 | 逆 |
| 順 | 順 | 順 | 逆 | 逆 | 順 | 逆 | 順 |
| 順 | 逆 | 逆 | 順 | 順 | 逆 | 順 | 逆 |

| 戊山 | 辰向 |
| --- | --- |
| 逆 | 順 |
| 順 | 順 |
| 逆 | 逆 |
| 逆 | 順 |
| 逆 | 逆 |
| 順 | 逆 |
| 逆 | 逆 |
| 順 | 順 |
| 順 | 逆 |

# 五行生尅表

上一字在内為山下一字在外為向

| | | | | | | |
|---|---|---|---|---|---|---|
| 生入 | 一六 | 一七 | 二九 | 三一 | 四一 | 五九 |
| 尅出 | 一九 | 二一 | 三二 | 三五 | 三八 | 四五 |
| 生出 | 一三 | 一四 | 二六 | 二七 | 三九 | 四九 |
| 尅入 | 一二 | 一五 | 一八 | 二三 | 二四 | 三六 |
| 比和 | 一一 | 二五 | 二二 | 二八 | 三四 | 三三 |

| | | | | | | | |
|---|---|---|---|---|---|---|---|
| 六八 | 六二 | 六五 | 七八 | 七二 | 七五 | 八九 | 九三 |
| 四八 | 四二 | 五一 | 六三 | 六四 | 七三 | 七四 | 八一 |
| 五六 | 五七 | 六一 | 七一 | 八六 | 八七 | 九二 | 九五 |
| 三七 | 四六 | 四七 | 五三 | 五四 | 六九 | 七九 | 八三 |
| 四三 | 四四 | 五五 | 五八 | 五二 | 六七 | 六六 | 七七 |

| | | | | |
|---|---|---|---|---|
| 九四 | | | | |
| 九六 | 九七 | | | |
| 九八 | | | | |
| 八四 | 九一 | | | |
| 七六 | 八八 | 八二 | 八五 | 九九 |

生尅凡例

如山上飛星為一白水遇向上飛星到此方為六白金一與六相見向盤之金生山

盤之水、曰生入、
如山上飛星為一白水、遇向上飛星到此
方為九紫火、一與九相見、山盤之水、尅向
盤之火、曰尅出、
如山上飛星為一白水、遇向上飛星到此
方為三碧木、一與三相見、山盤之水、生向
盤之木、曰生出、
如山上飛星為一白水、遇向上飛星到此

方為二黑土一與二相見向盤之土尅山
盤之水曰尅入
如山上飛星為一白水遇向上飛星到此
方為一白水一與一相見山盤之水同向
盤之水曰比和
凡一應方位皆照此例推算生入尅入大
吉生出尅出大凶比和無吉無凶

九星五行起法

九星五行之法，如上元一白運，子山午向，將一白本運飛布八方，一白入中，二黑在乾，三碧在兌，四綠在艮，五黃在離，六白在坎，七赤在坤，八白在震，九紫在巽，此係本元之運一路順行，九運皆同也。至飛山向則分順逆，上元子山，坎卦所屬，六白在坎，六即為山之飛星，午向離卦所屬，五黃在離五即為向之飛星于是以山之六白入中宮順飛八方逢六何以用順也子午卯酉其局為陰乾坤艮巽其局為陽此八局一為子陰二為坤陽三為卯陰四為巽陽六為乾陽七為酉陰八為艮陽九為午陰也逢六遇乾乾乃陽局陽順陰逆所以六為陽局順飛八方六入中宮七至乾方八至兌方九至艮方一至離方二至坎方三

至坤方，四至震方，五至巽方，本山上變為二黑，本向上變為一白，此係飛山上之星，于是以向之五黃入中宮，逆飛八方，逢五何以用逆也，以子午卯酉為陰也，每局逢五，皆從山向定陰陽，山為陰，五即陰，山為陽，五即陽，向為陰，五即陰，向為陽，五即陽，此局五在向，向是午，午是陰，所以五從陰向，逆飛八方，五入中宮，四至乾方，三至兌方二至艮方一至離方九至坎方八至坤方七至震方六至巽方本向上變為一白本山上變為九紫此係飛向上之星山與向兩者合看山上二黑加九紫向上一白加一白于是九星五行之法始備總之以元運之一白而分山向之六五以山向之六五而定六五之乾巳以六五之乾巳而

乾巳之陰陽以乾巳之陰陽而正陰陽

之順逆以陰陽之順逆而成山之二九向之一一北指一運之子山爲例以至三元九運二十四山四十八局飛星之例皆同山向之星飛定于是辨元運之得失山向之生尅以判吉凶辨之之法俱有成書刋刻行世茲不復贅凡用飛星之法先要地局合格然後以山向水口主持氣運學者須以神會之可也

## 依運推算法

元運　一白二黑三碧四綠五黃六白七赤八白九紫

| 山向 | | | | | | | | | |
|---|---|---|---|---|---|---|---|---|---|
| 戌 | 未（比和） | 甲（剋入） | 辰（比和） | 巳（生入） | 戌（比和） | 庚（生出） | 丑（比和） | 丙（生入） | 壬（剋入） |
| 乾 | 坤（生入） | 卯（剋出） | 巽（剋出） | 戌（生入） | 乾（比和） | 酉（比和） | 艮（生入） | 午（剋入） | 子（生出） |

| 亥山向 | | 壬山向 | | 子山向 |
|---|---|---|---|---|
| 申 | 生入 | 戌 | 剋入 | 乾 |
| 乙 | 生出 | 庚 | 生入 | 酉 |
| 巳 | 剋出 | 丑 | 剋入 | 艮 |
| 戊 | 剋入 | 丙 | 剋出 | 午 |
| 亥 | 比和 | 壬 | 比和 | 子 |
| 辛 | 生入 | 未 | 剋入 | 坤 |
| 寅 | 生出 | 甲 | 生出 | 卯 |
| 丁 | 剋出 | 辰 | 剋入 | 巽 |
| 癸 | 比和 | 戌 | 剋入 | 巳 |

| | | | | | | | | | |
|---|---|---|---|---|---|---|---|---|---|
| | 生入 | 生入 | 剋入 | 剋出 | 比和 | 剋入 | 生出 | 生出 | 剋出 |
| 癸 山向 | 亥 | 辛 | 寅 | 丁 | 癸 | 申 | 乙 | 巳 | 巳 |
| | 比和 | 生入 | 生出 | 剋出 | 比和 | 生入 | 生出 | 剋出 | 剋入 |
| 丑 山向 | 辰 | 巳 | 戌 | 庚 | 丑 | 丙 | 壬 | 未 | 甲 |
| | 比和 | 比和 | 比和 | 生出 | 比和 | 生入 | 剋出 | 比和 | 剋入 |

| 山向 | 艮 | 寅 | 甲 |
| --- | --- | --- | --- |
| | 巽 剋入 | 巳 生出 | 丑 剋出 |
| | 戌 比和 | 戌 剋出 | 丙 生出 |
| | 乾 生出 | 亥 生入 | 壬 生入 |
| | 酉 生出 | 辛 剋入 | 未 剋出 |
| | 艮 比和 | 寅 比和 | 甲 比和 |
| | 午 生入 | 丁 生出 | 辰 剋出 |
| | 子 剋出 | 癸 生入 | 戌 剋出 |
| | 坤 比和 | 申 剋入 | 戌 剋出 |
| | 卯 剋入 | 乙 比和 | 庚 剋入 |

| | | | | |
|---|---|---|---|---|
| 卯 | | 乙 | | 辰 |
| 山向 | | 山向 | | 山向 |
| 艮 | 剋出 | 寅 | 比和 | 丙 |
| 午 | 生出 | 丁 | 生出 | 壬 |
| 子 | 生入 | 癸 | 生入 | 未 |
| 坤 | 剋出 | 申 | 剋入 | 甲 |
| 卯 | 比和 | 乙 | 比和 | 辰 |
| 巽 | 比和 | 巳 | 生出 | 巳 |
| 巳 | 剋出 | 巳 | 剋出 | 戌 |
| 乾 | 剋入 | 亥 | 生入 | 庚 |
| 酉 | 剋入 | 辛 | 剋入 | 丑 |

## 巽 山向

| | | |
|---|---|---|
| 生入 | 午 | 生出 |
| 剋出 | 子 | 生入 |
| 比和 | 坤 | 剋出 |
| 剋入 | 卯 | 比和 |
| 比和 | 巽 | 比和 |
| 比和 | 戌 | 剋出 |
| 比和 | 乾 | 剋入 |
| 生出 | 酉 | 剋入 |
| 比和 | 艮 | 剋出 |

## 巳 山向

| | |
|---|---|
| 丁 | 比和 |
| 癸 | 剋入 |
| 申 | 剋出 |
| 乙 | 生入 |
| 巳 | 比和 |
| 戊 | 生出 |
| 亥 | 剋入 |
| 辛 | 剋出 |
| 寅 | 生入 |

| 丙 山向 | | 午 山向 | | 丁 山向 | |
|---|---|---|---|---|---|
| 戊 | 生出 | 巳 | 生出 | 巳 | 生出 |
| 戌 | 生出 | 乾 | 剋出 | 亥 | 剋入 |
| 庚 | 剋出 | 酉 | 剋出 | 辛 | 剋出 |
| 丑 | 生出 | 艮 | 生出 | 寅 | 生入 |
| 丙 | 比和 | 午 | 比和 | 丁 | 比和 |
| 壬 | 剋入 | 子 | 剋入 | 癸 | 剋入 |
| 未 | 比和 | 坤 | 生出 | 申 | 剋出 |
| 甲 | 生入 | 卯 | 生入 | 乙 | 生入 |
| 辰 | 生出 | 巽 | 生入 | 巳 | 比和 |

| 未 | | 坤 | | 申 |
| --- | --- | --- | --- | --- |
| 山向 | | 山向 | | 山向 |
| 庚 | 生出 | 酉 | 生出 | 辛 |
| 丑 | 比和 | 艮 | 比和 | 寅 |
| 丙 | 生入 | 午 | 生入 | 丁 |
| 壬 | 剋出 | 子 | 剋出 | 癸 |
| 未 | 比和 | 坤 | 比和 | 申 |
| 甲 | 剋入 | 卯 | 剋入 | 乙 |
| 辰 | 比和 | 巽 | 剋入 | 巳 |
| 巳 | 比和 | 戌 | 比和 | 戊 |
| 戌 | 比和 | 乾 | 生出 | 亥 |

| | 庚 | 山 | 向 | 酉 | 山 | 向 |
|---|---|---|---|---|---|---|
| 比和 | 甲 | 剋出 | | 卯 | 剋出 | |
| 剋出 | 辰 | 生入 | | 巽 | 剋出 | |
| 剋入 | 戊 | 生入 | | 巳 | 生入 | |
| 生出 | 戌 | 生入 | | 乾 | 比和 | |
| 入和 | 庚 | 比和 | | 酉 | 比和 | |
| 剋出 | 丑 | 生入 | | 艮 | 生入 | |
| 剋入 | 丙 | 剋入 | | 午 | 剋入 | |
| 生入 | 壬 | 生出 | | 子 | 生出 | |
| 生出 | 未 | 生入 | | 坤 | 生入 | |

| 辛 | 山向 |
|---|---|
| 乙 | 剋出 |
| 巳 | 剋入 |
| 巳 | 生入 |
| 亥 | 生出 |
| 辛 | 比和 |
| 寅 | 剋出 |
| 丁 | 剋入 |
| 癸 | 生出 |
| 申 | 比和 |

此。法止以推算將來用之。以將來逐元之運入中。順輪到山到向。為何位。定其生剋比和。以斷吉凶。如在本運中起造陰陽二宅。仍憑本運之飛星。輪到山向。以斷吉凶。不可

執此法以挨用也。
山管人丁。向管財祿。

# 天心正運卷二

## 五行定位圖

# 上元一白運二十四山向飛星圖

壬山六
丙向五

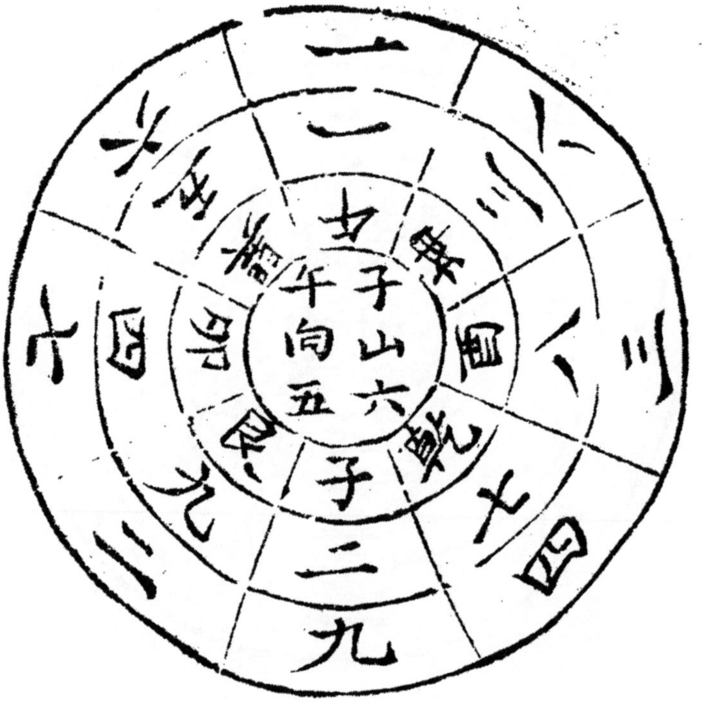
子山
午向
六
五
子
二
九

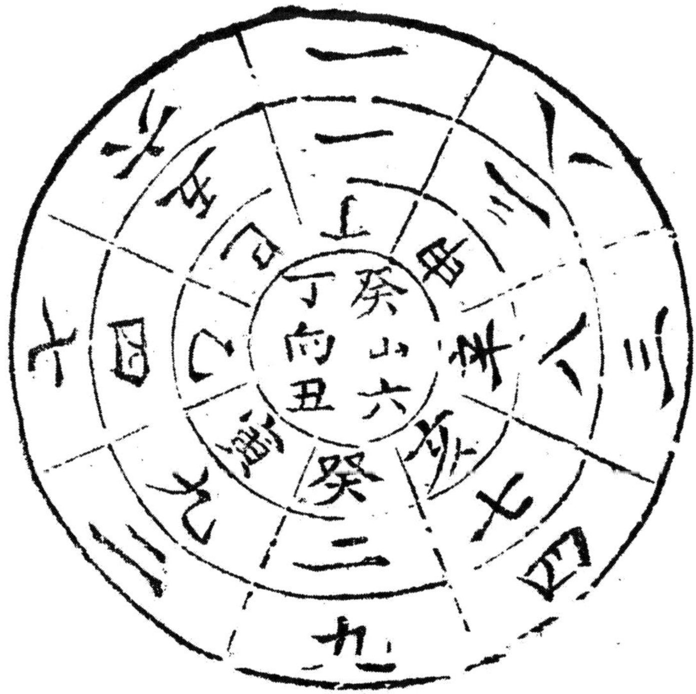
癸山
丁向

丑山未向
四
七
丙
癸
甲
壬
庚
乙
九
三
八
四
二
六
一
五
三
九

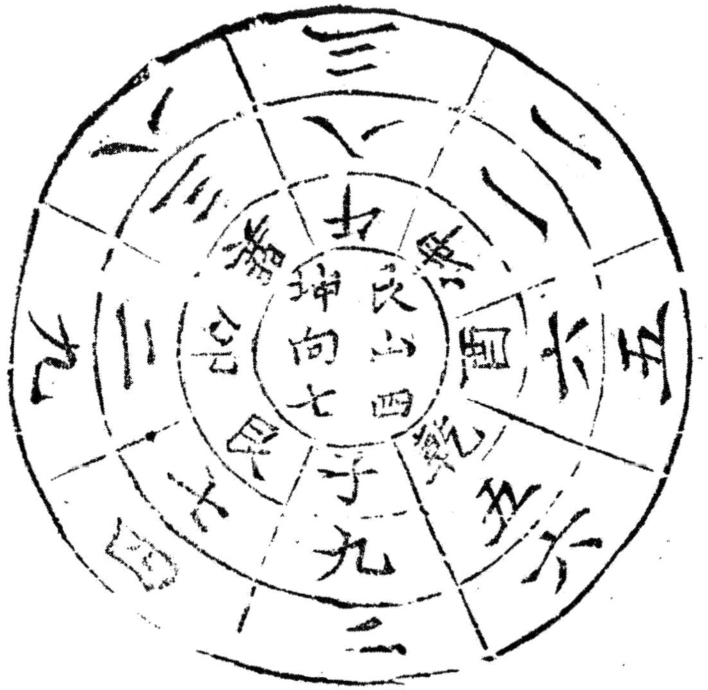

寅山
申向
四
七
三
癸
九
二

甲山八
庚向三

卯山八
酉向三
乾
子
四
七
九

山
向

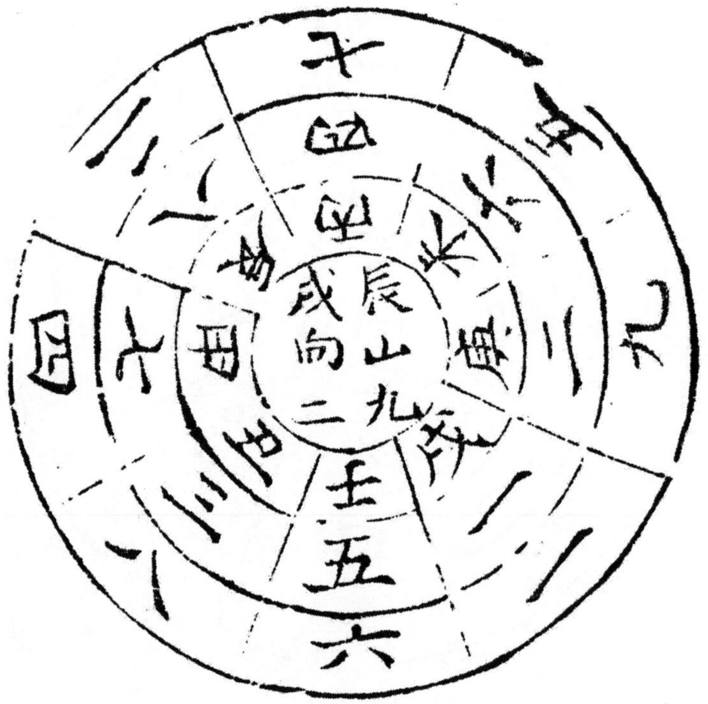
辰山戌向
五
壬
六

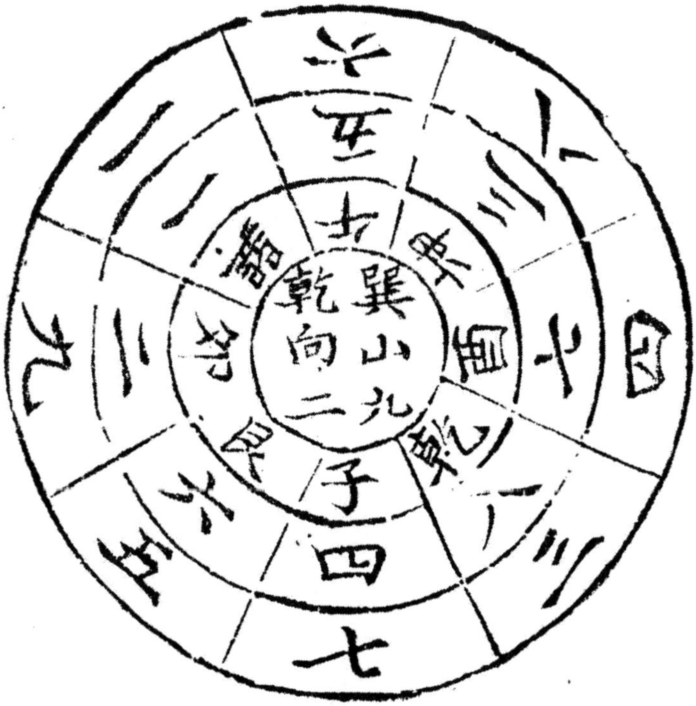
巽山乾向
子
四
七

巳山九
亥向二

丙山五
壬向六

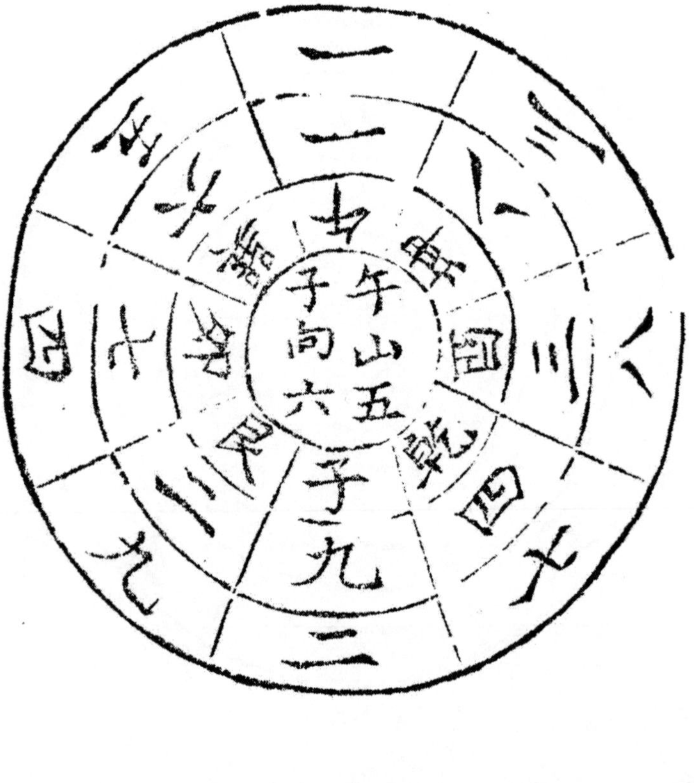
午山五
子向六

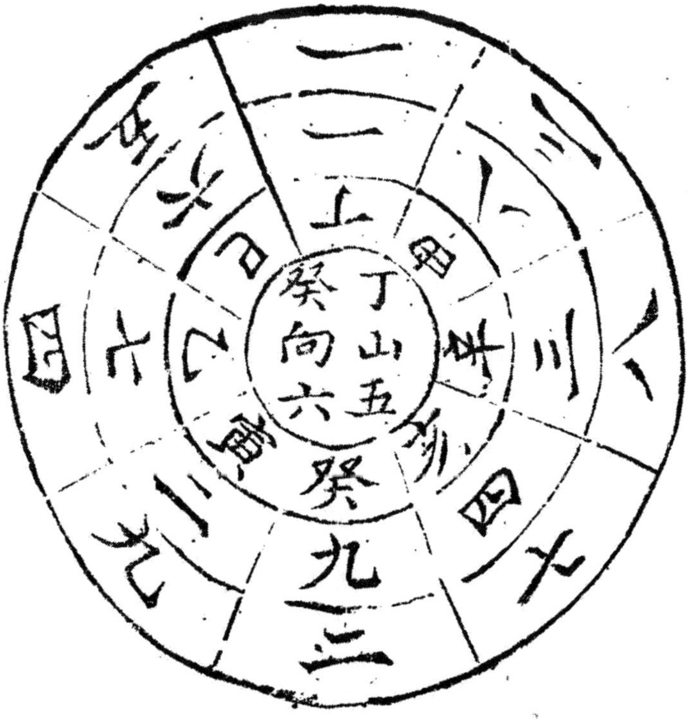
丁山五
癸向六

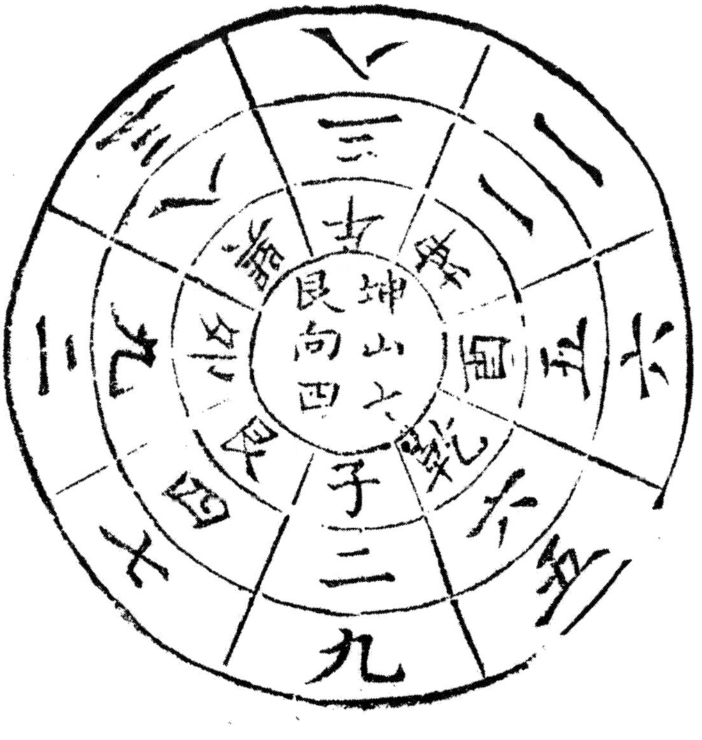
坤山六
艮向四
子
乾

申山七
寅向四

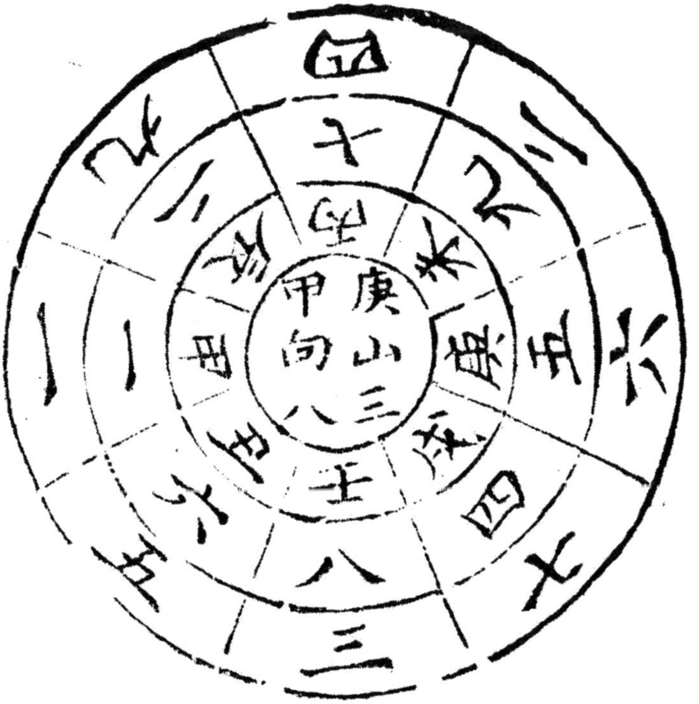
庚山
甲向
三
八

酉山
卯向

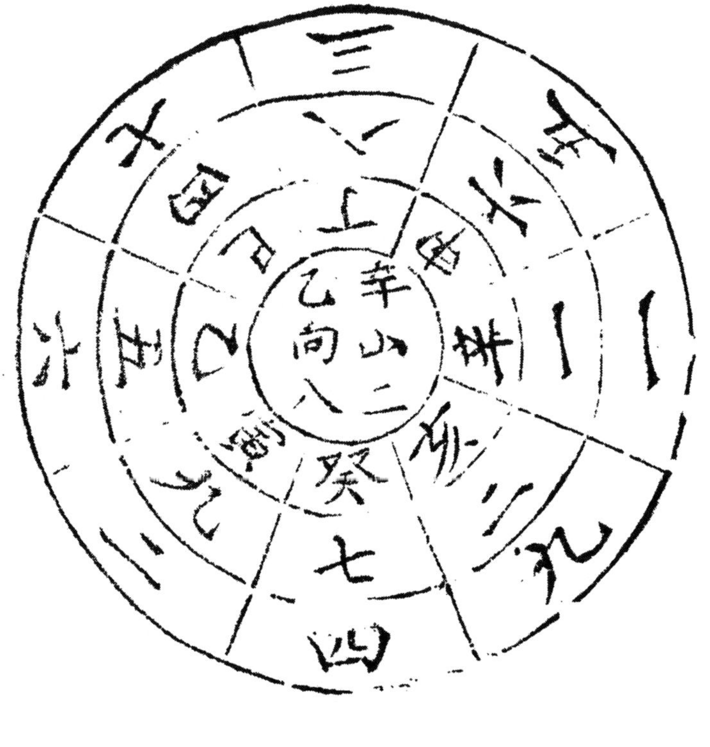

辛山二
乙向八
癸
七
四

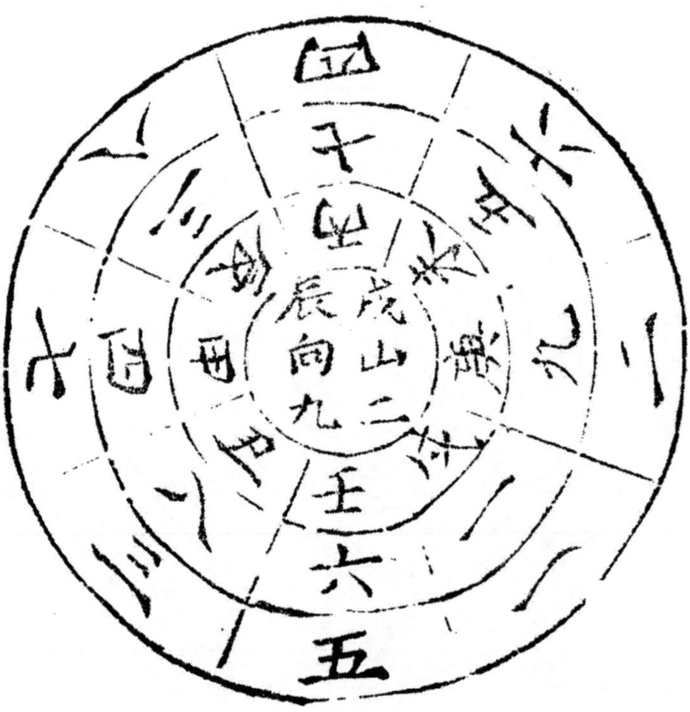
戌山
辰向
二
九
壬
六
五

# 上元二黑運
# 二十四山向
# 飛星圖

亥山
巳向
三
一
癸
七
五

壬山七
丙向六

子山七
午向六

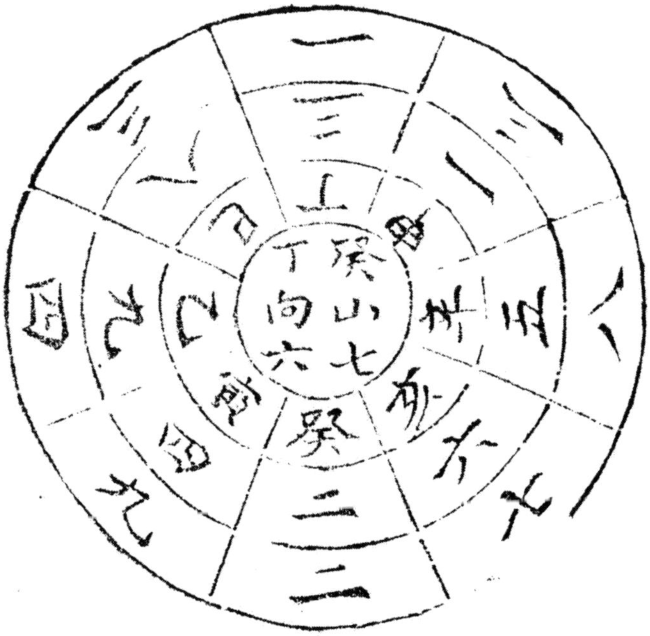
癸山七
丁向六

五山五
未向八

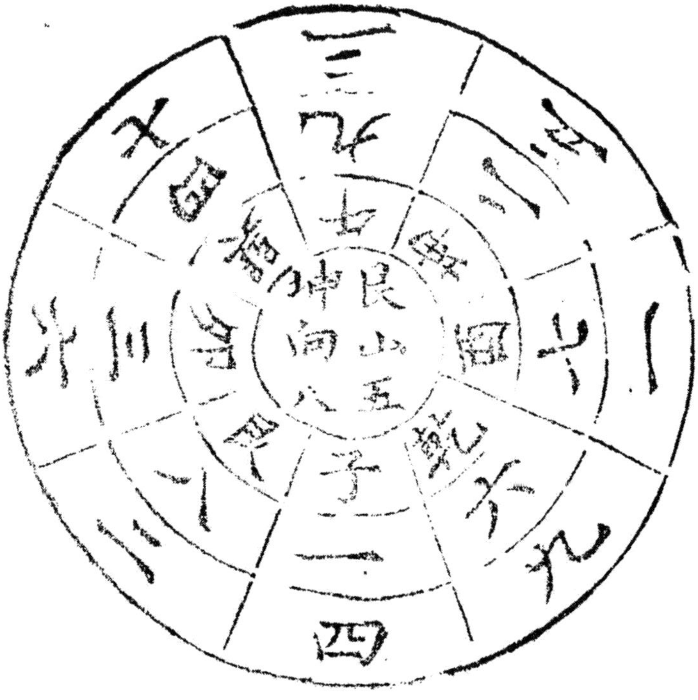
艮山五
坤向八
子
乾
四

寅山五
申向八
丁
癸
三
九
四
一

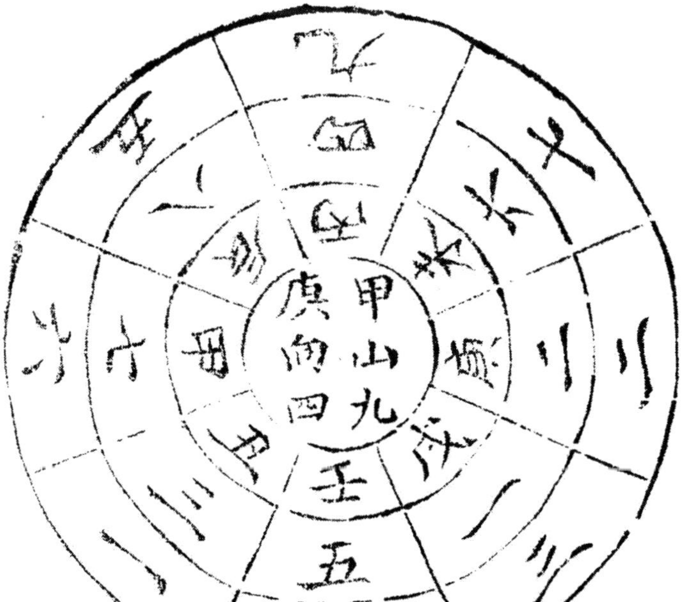
甲山九
庚向四
九
四
丙
壬
五
八

卯山九
酉向四
子
乾
四
九
五

乙
辛
山
向
九
四
丁
癸
申
寅

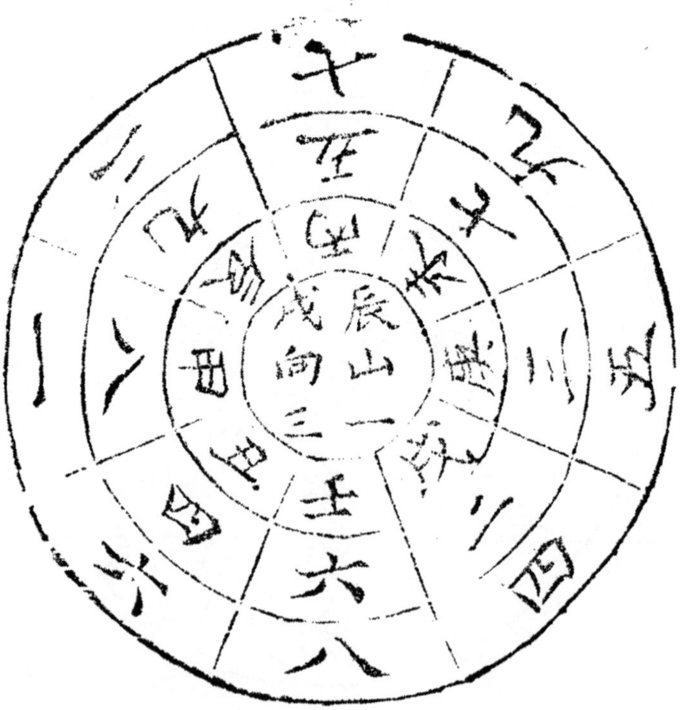
辰山一
戌向三

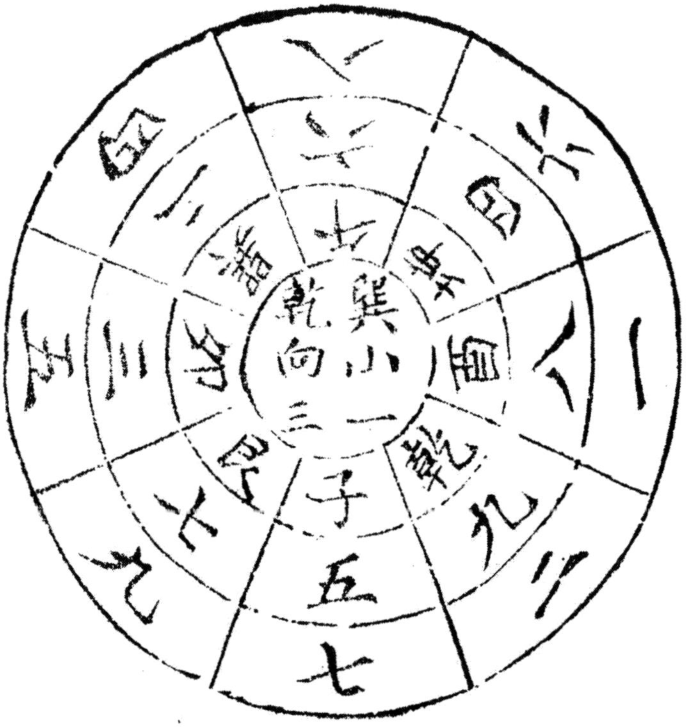
巽山一
乾向三

巳山
亥向
丁
癸
五
七

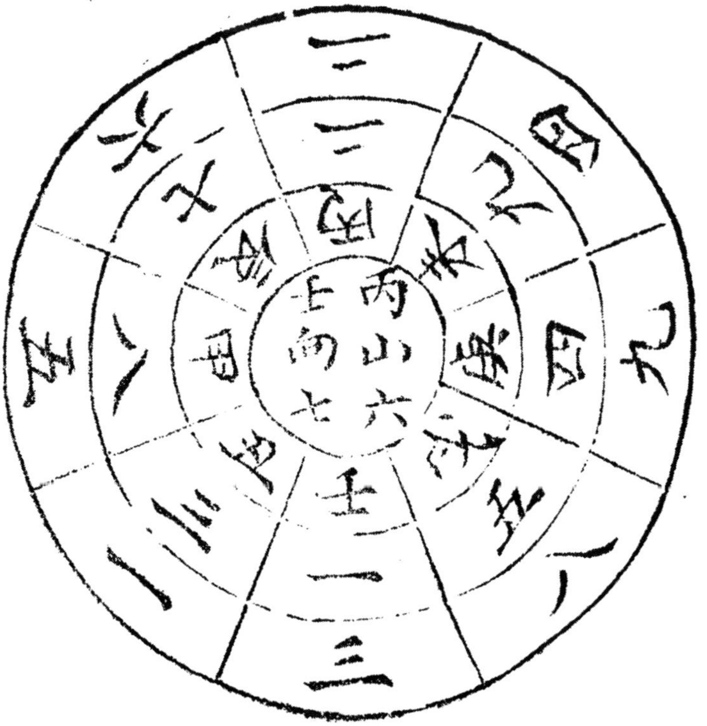
丙山六
壬向七

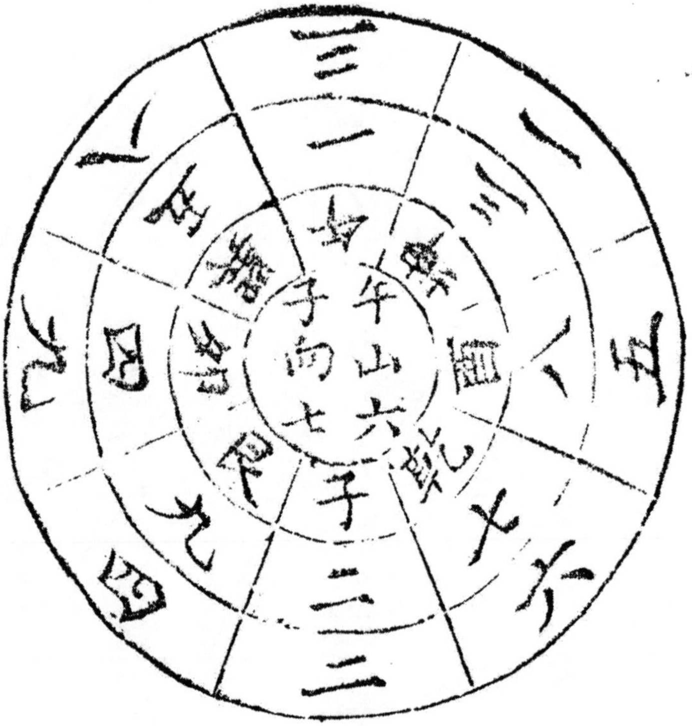

午山子向
六七
三
一
八
三
五
八
四
六
七
乾
二
二
子
艮
九
四
九
四
八
五

上元二黑運

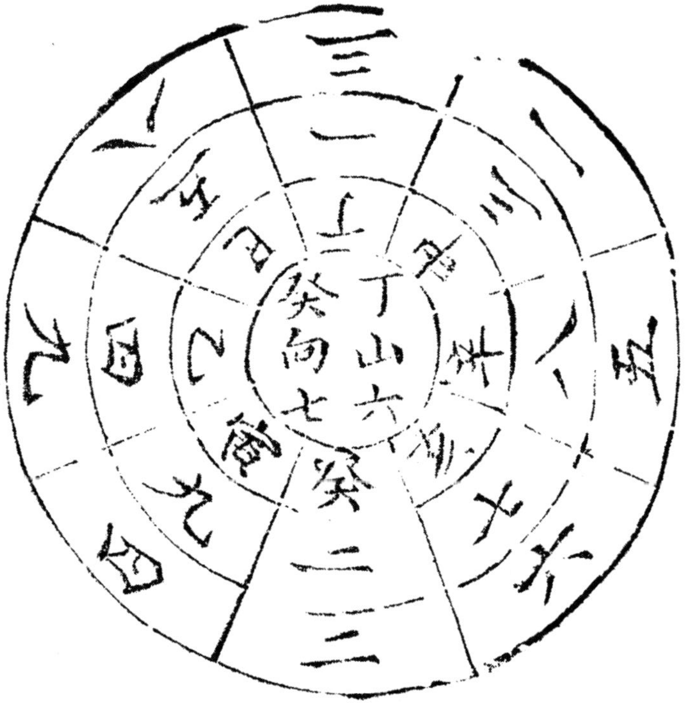

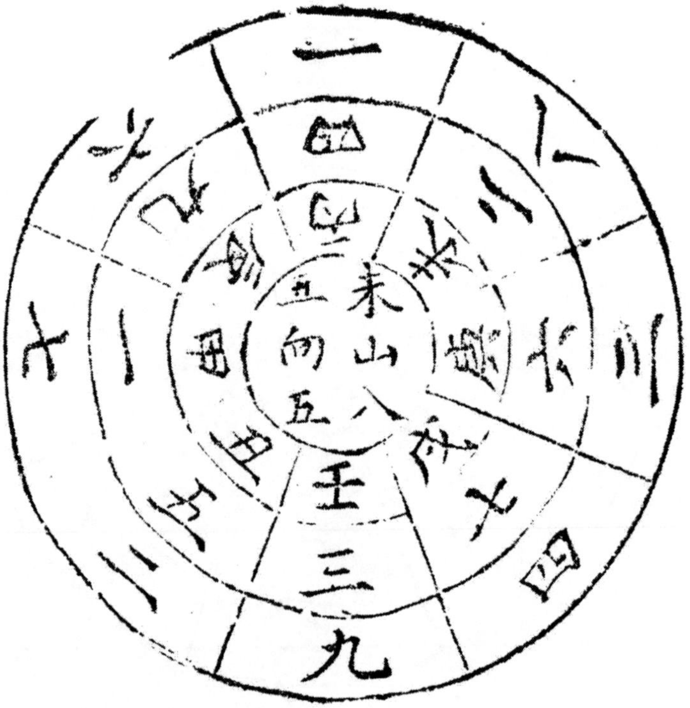
未山
丑向
一
三
九
四
壬

坤山
艮向
五
子
乾
三
四
一
九

申山寅向

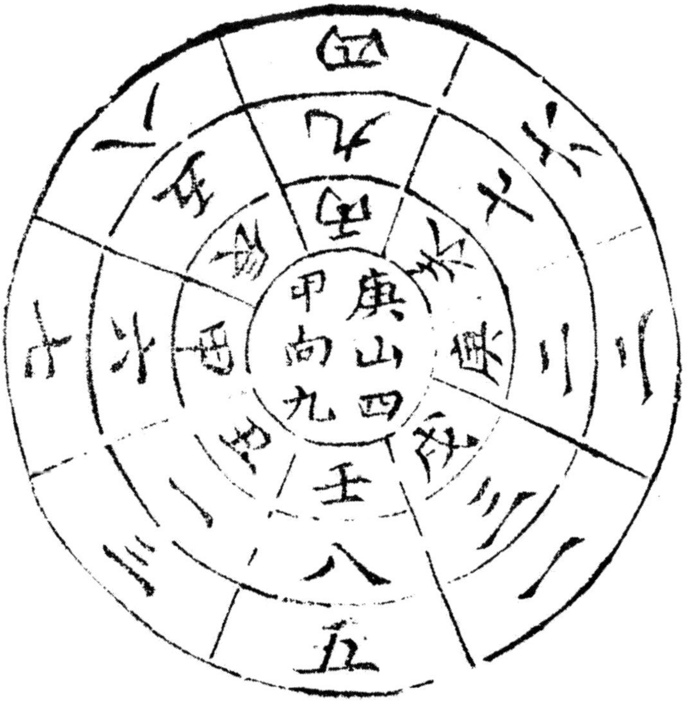
庚山四
甲向九
四
九
壬
八
五

酉山四
卯向九
子
乾
九
四

辛山四
乙向九

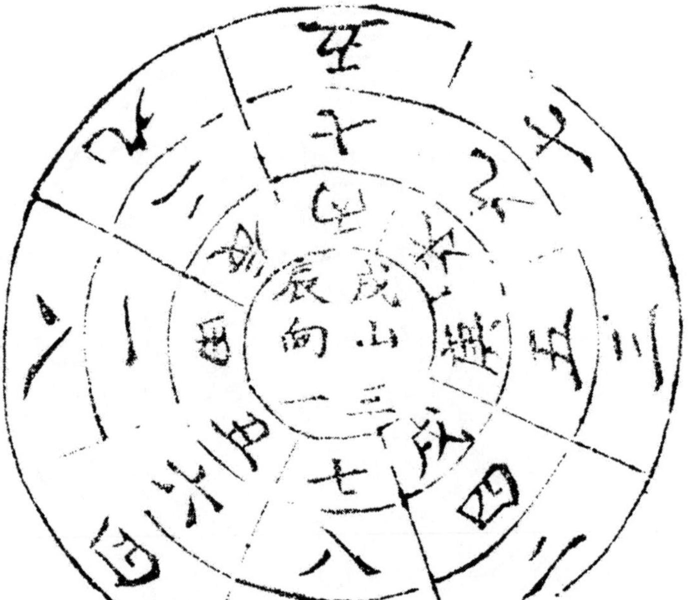
戌山
辰向

上元三碧運
二十四山向
飛星圖

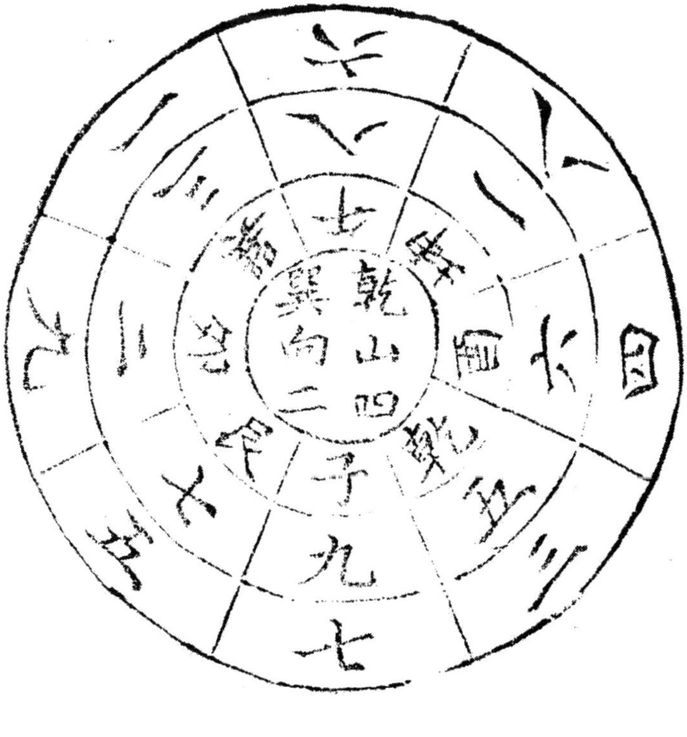

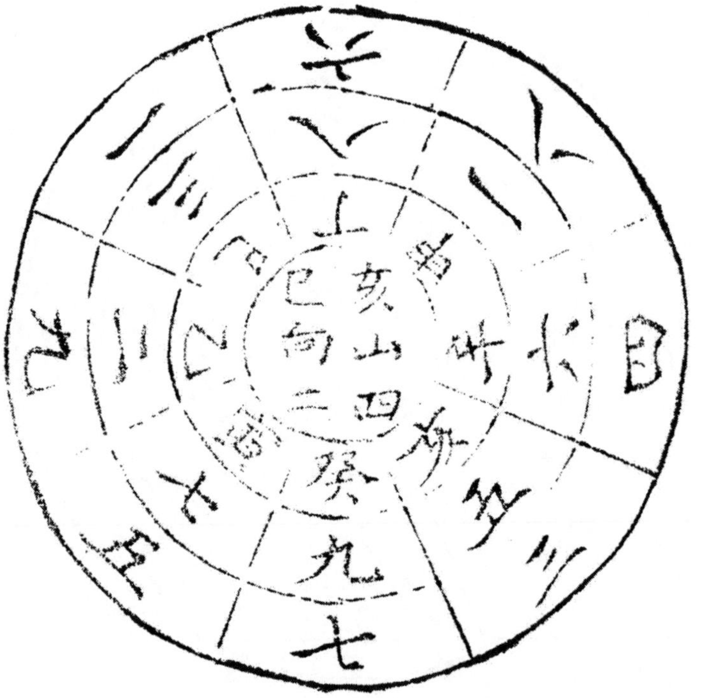
亥山
巳向

上元三碧運

子山
午向

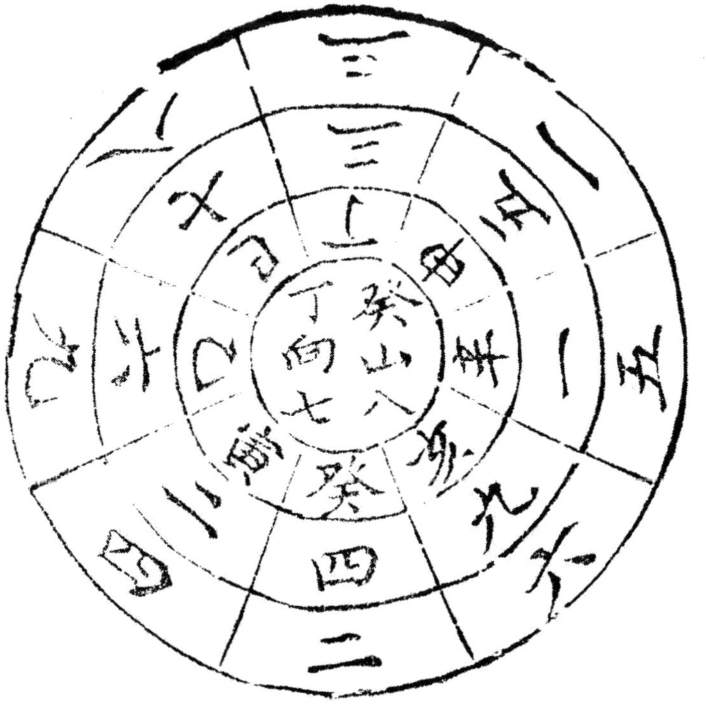
癸山
丁向
八
七
申
辛
亥
癸
四
二
九
五

丑山六
未向九

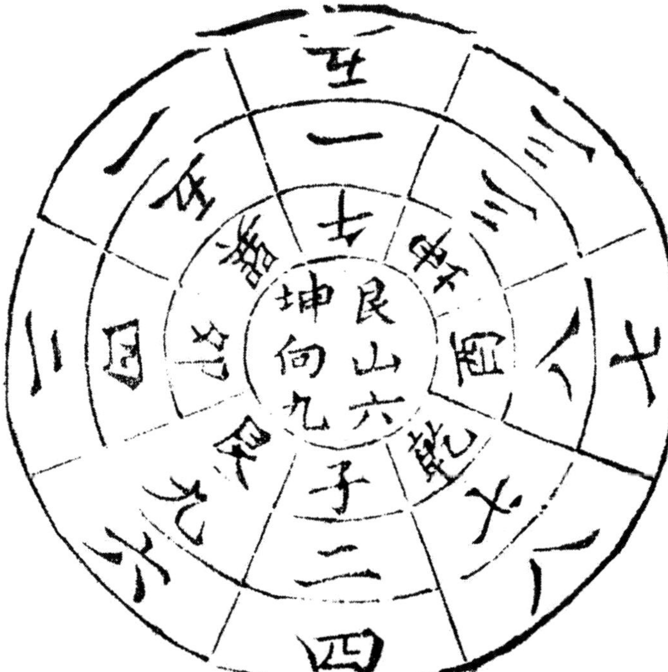
艮山六
坤向九

寅山六
申向九
五
一
三
三
七
八
八
七
癸
二
四
六
九
三
一

甲山一
庚向五

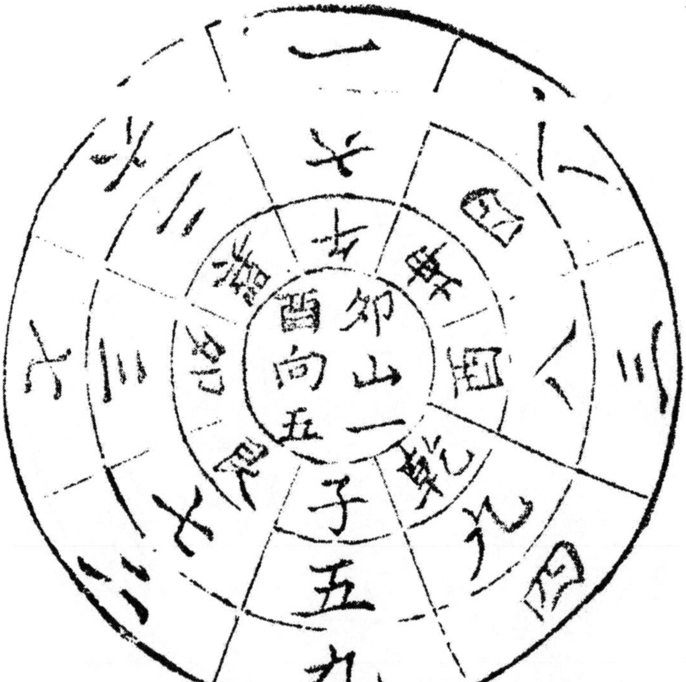
卯山一
酉向五
子
乾
艮

乙山辛向

長山
戌向
二
四
壬
六
八
九

巽山
乾向
子
乾
七
九

丙山七
壬向八

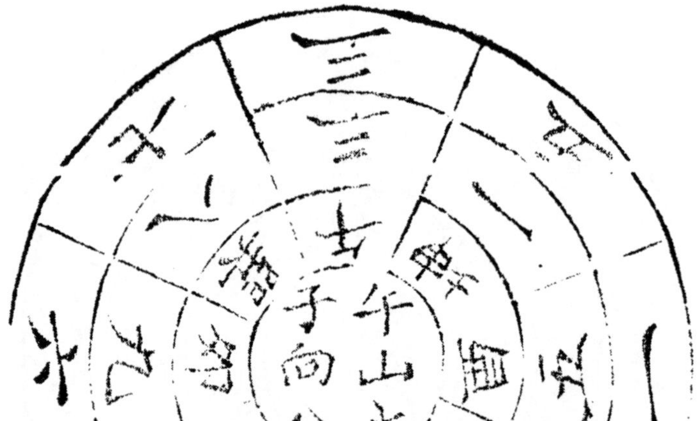

三
五
一
九
四
二
六
七
二
一
五
六
二
四
九
八
丁山
癸向

未山九
丑向六

上元三運

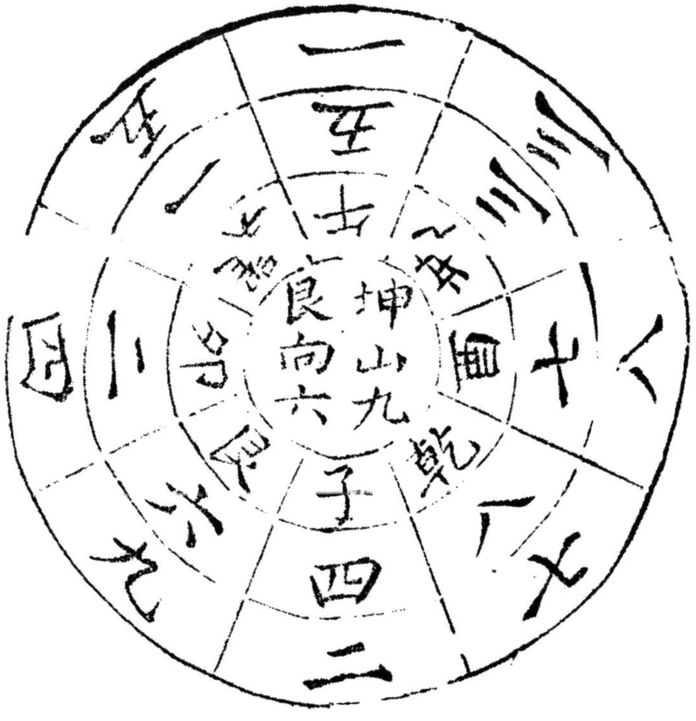

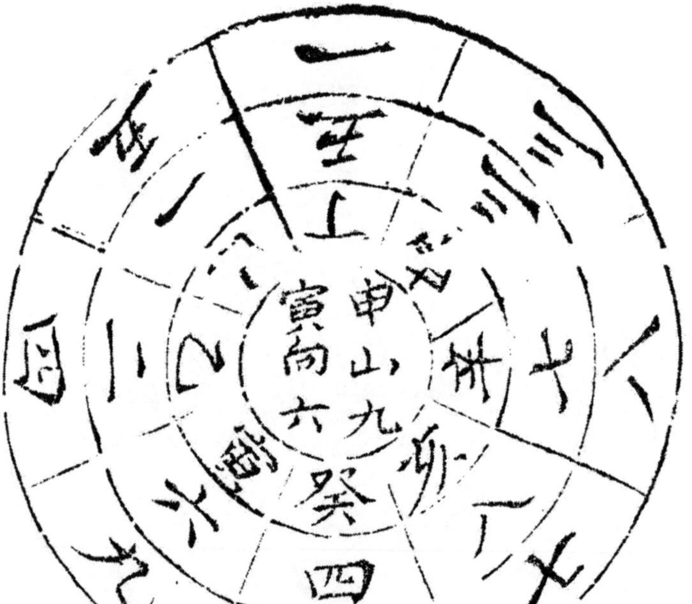
申山九
寅向六
癸
四
三
一
五

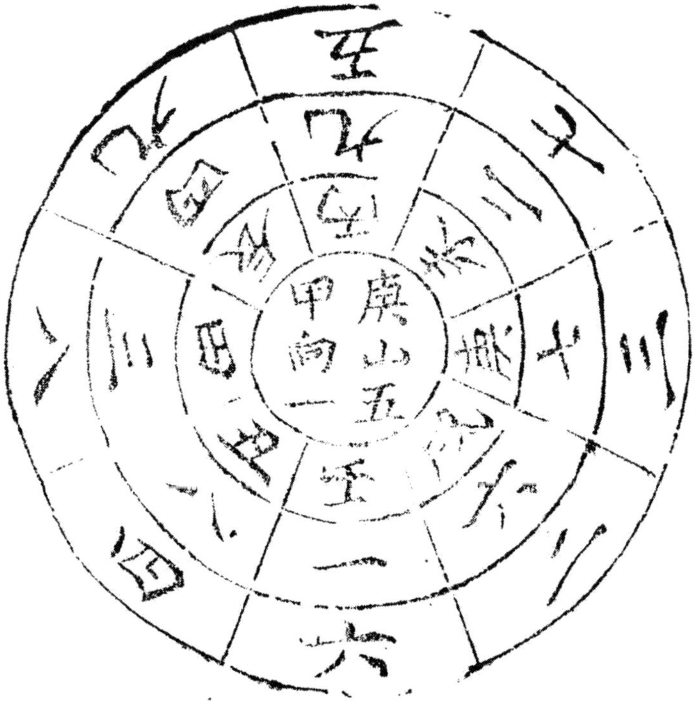
庚山五
甲向一

酉山
卯向
五
一
子
九
五

辛山五
乙向一

戌山
辰向
四
二
壬
八
六
七
九
丙
五

天心正運卷三

中元四綠運

二十四山向

飛星圖

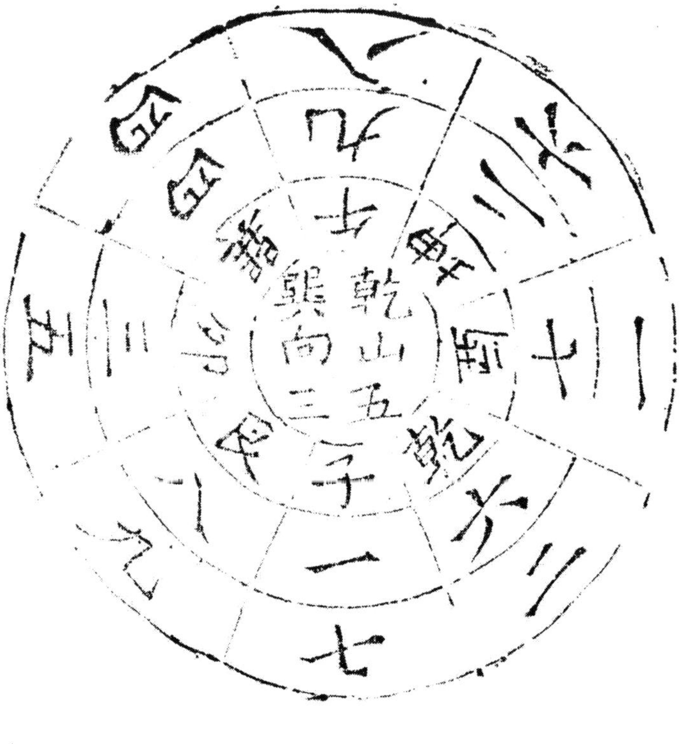

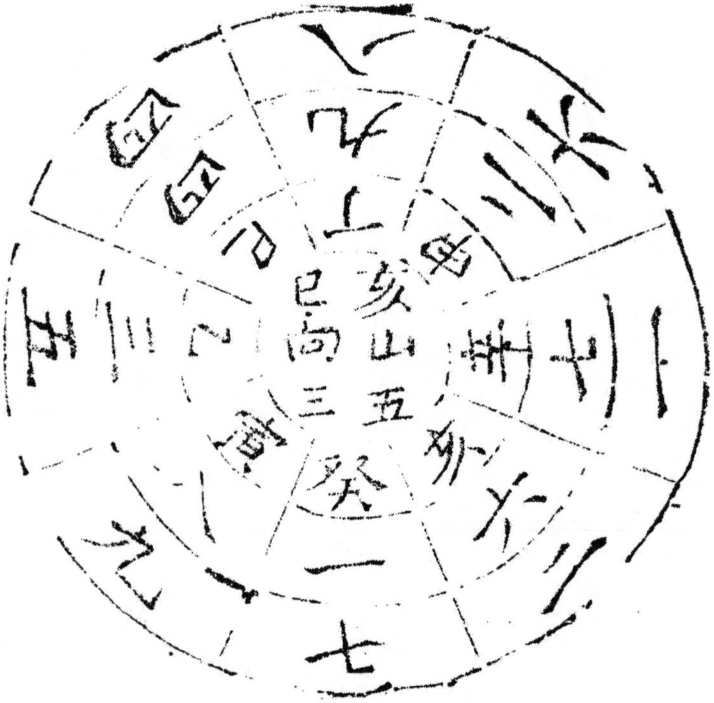
亥山
巳向
五
三

壬山九
丙向八
壬
五
三

子山午向

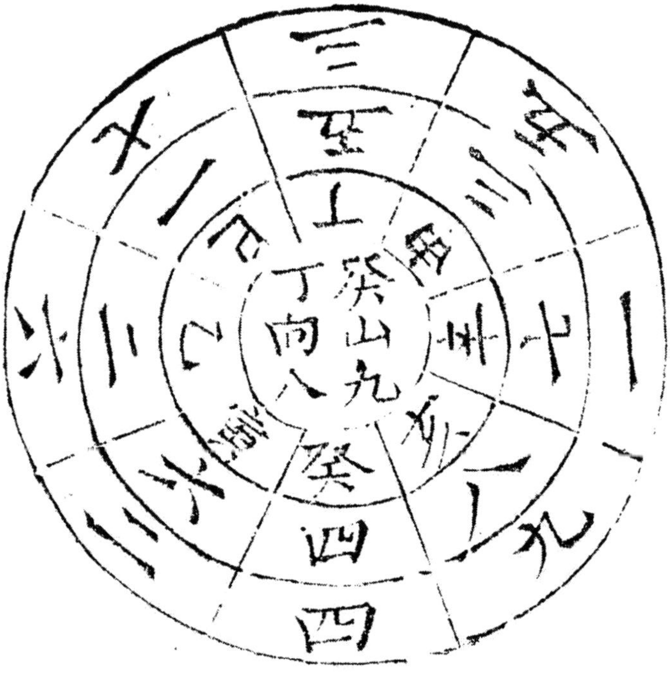
癸山九
丁向八

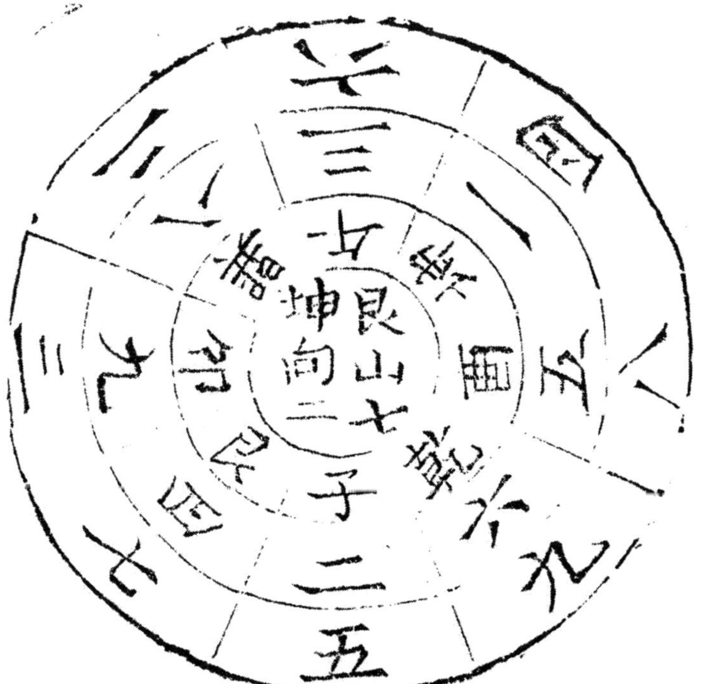

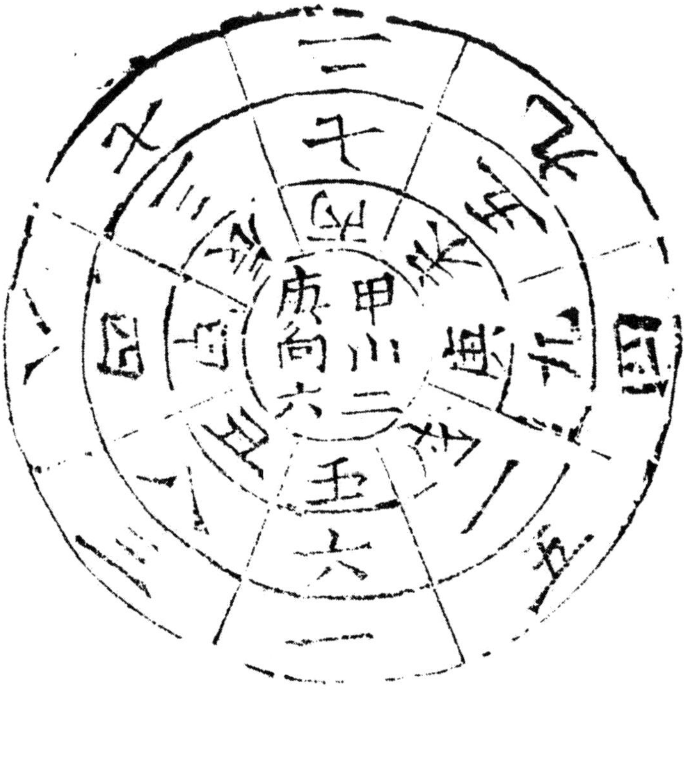

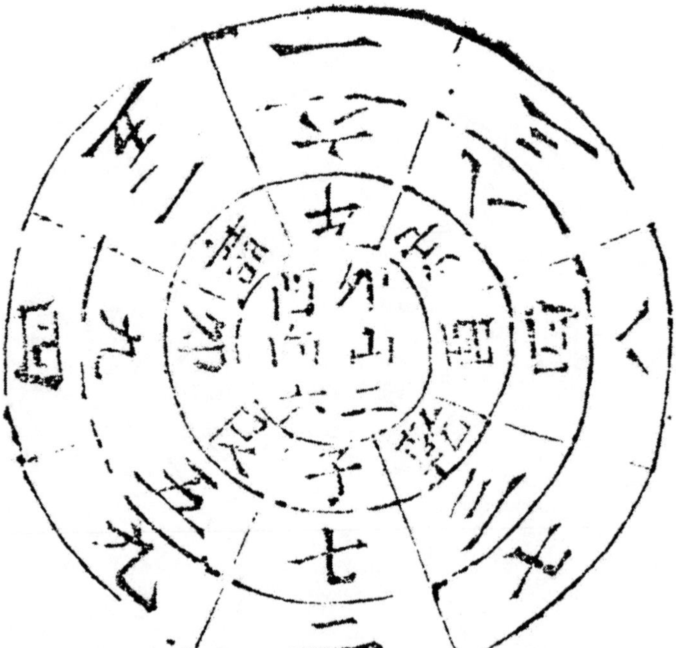

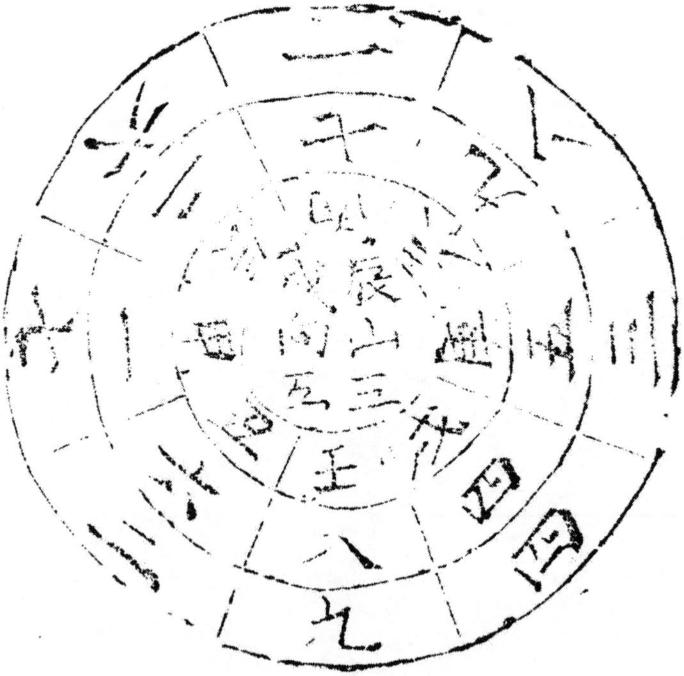
二
八
九
四
四

巽山三
乾向五

巳山三
亥向五

丙山八
壬向九

午山八
子向九
乾
子
四
四
三
五

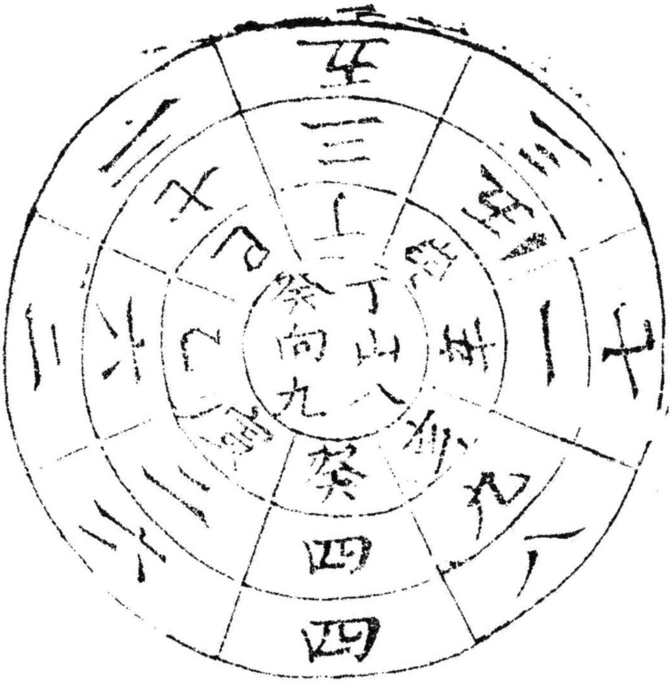
丁山八
癸向九

坤山
艮向

三
一
四
五
八
六
九
二
五
四
七
九
三
三
七
丁
未
艮
坤
癸
辛
乙
巳
寅
申
山
向

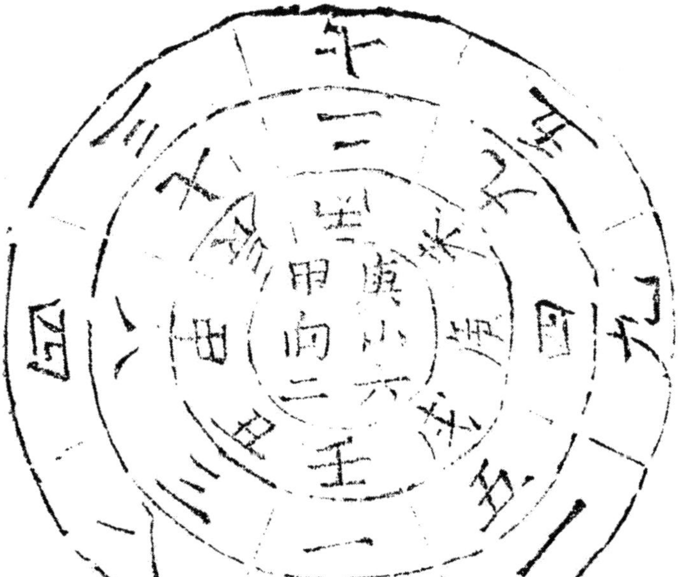
午
庚山
甲向
壬

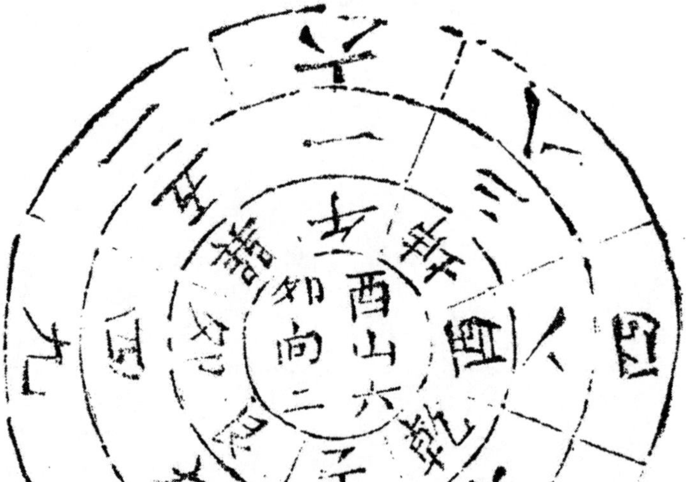
酉山六
卯向二
乾
子

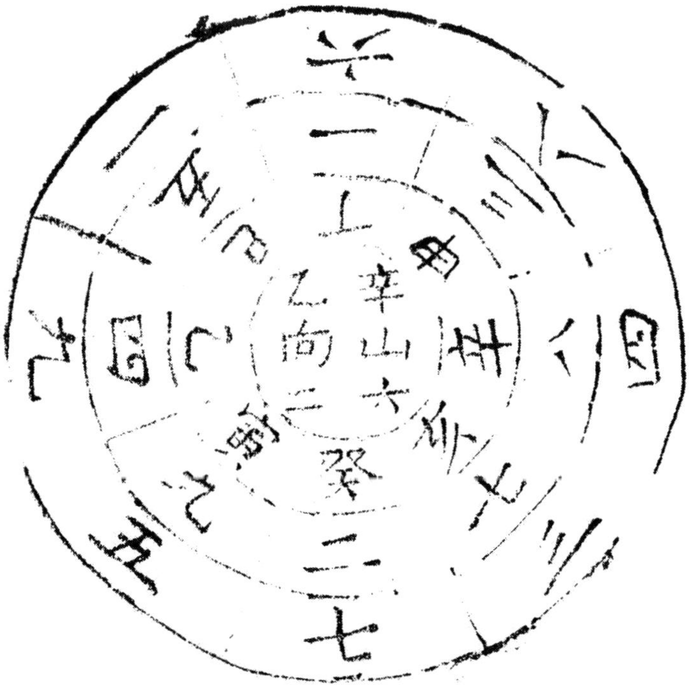
辛山乙向

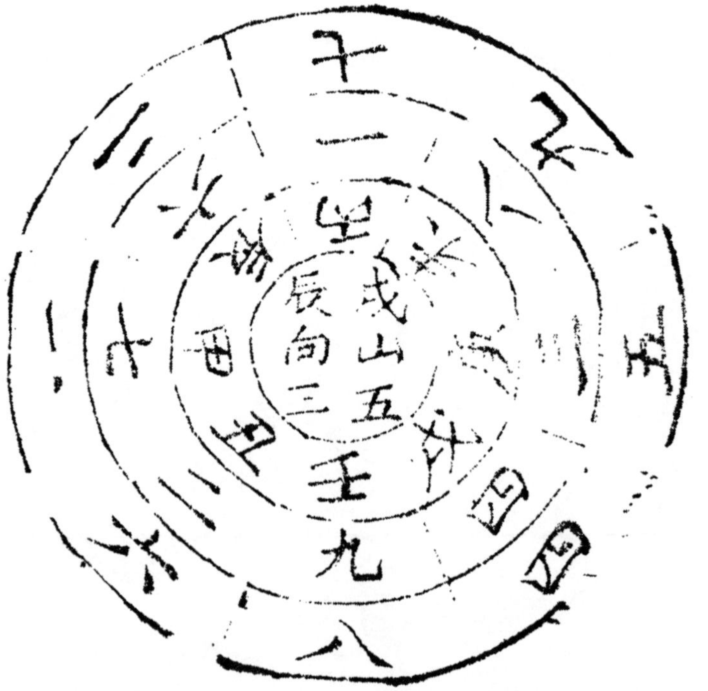
戌山五
辰向三
壬
九
八

中元五黃運
二十四山向
飛星圖

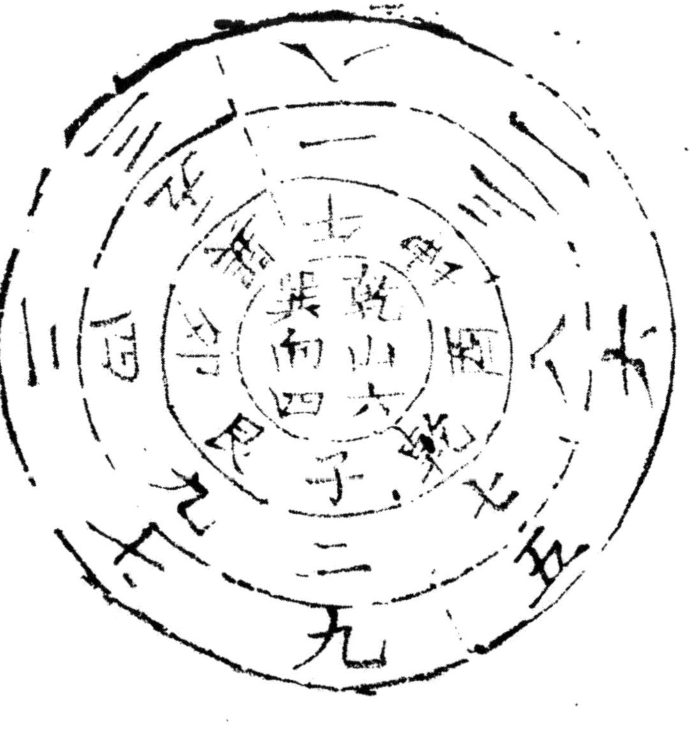

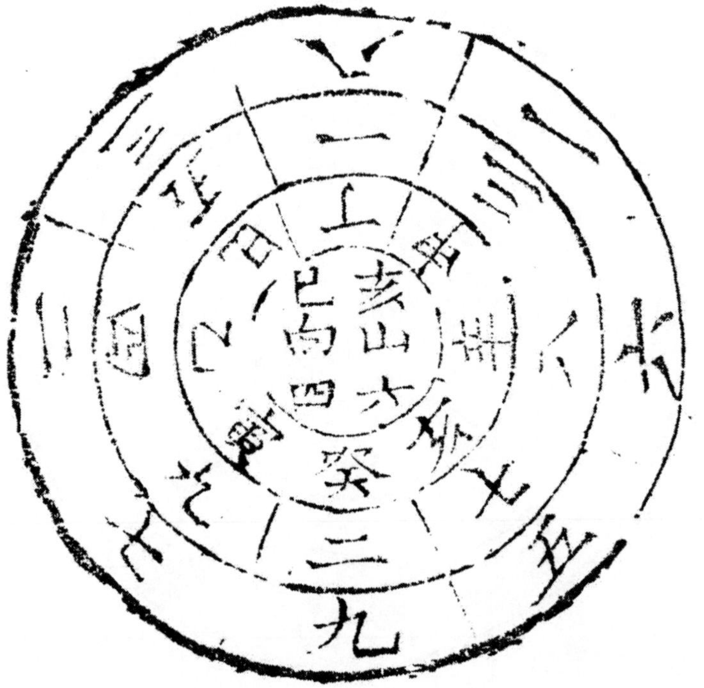

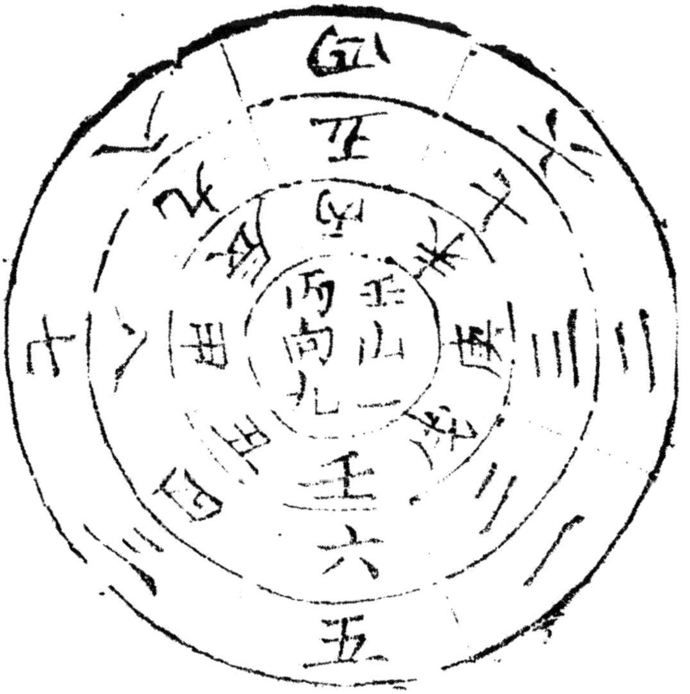
壬山
丙向

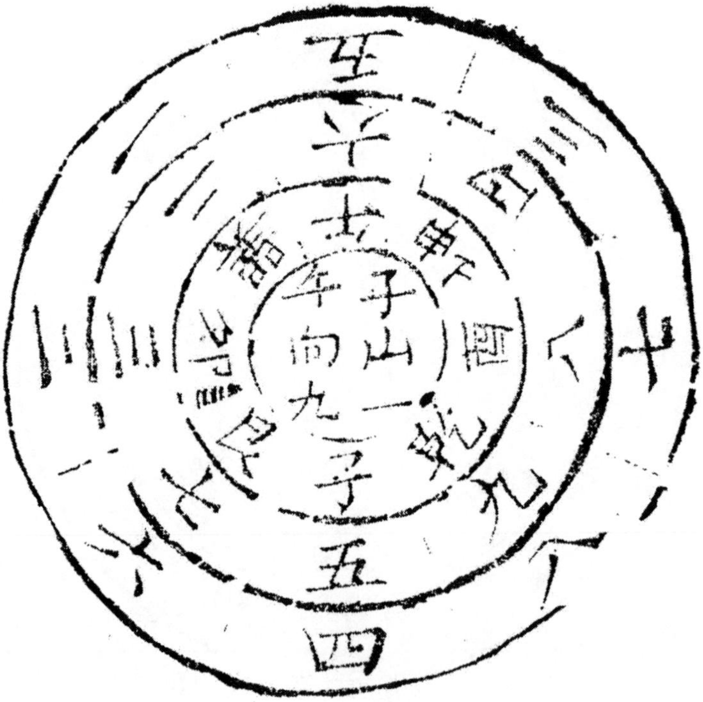

中元五黃運

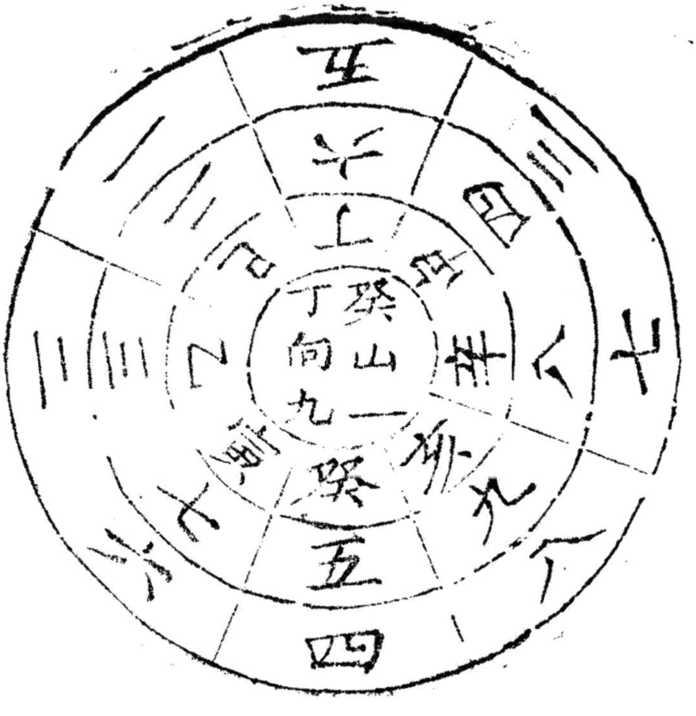

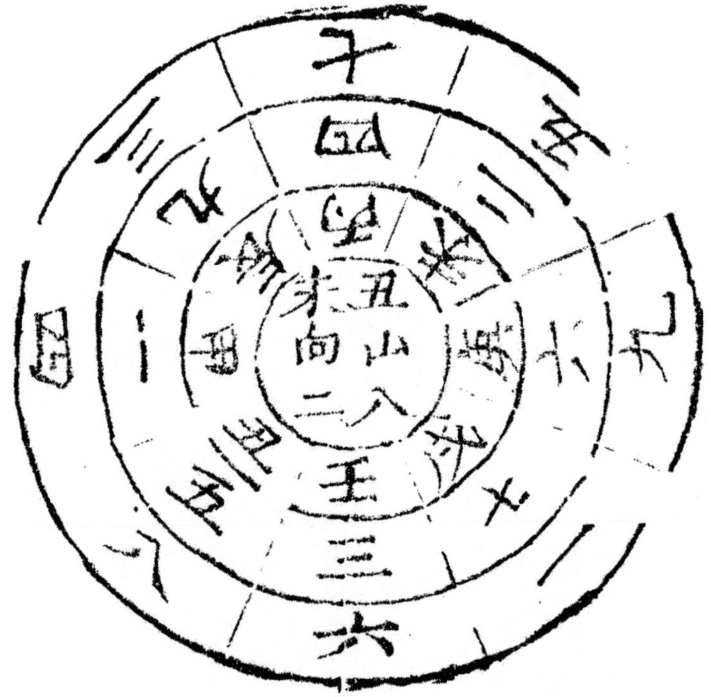
丑山
未向
二
八
壬
三
六
四
九
五

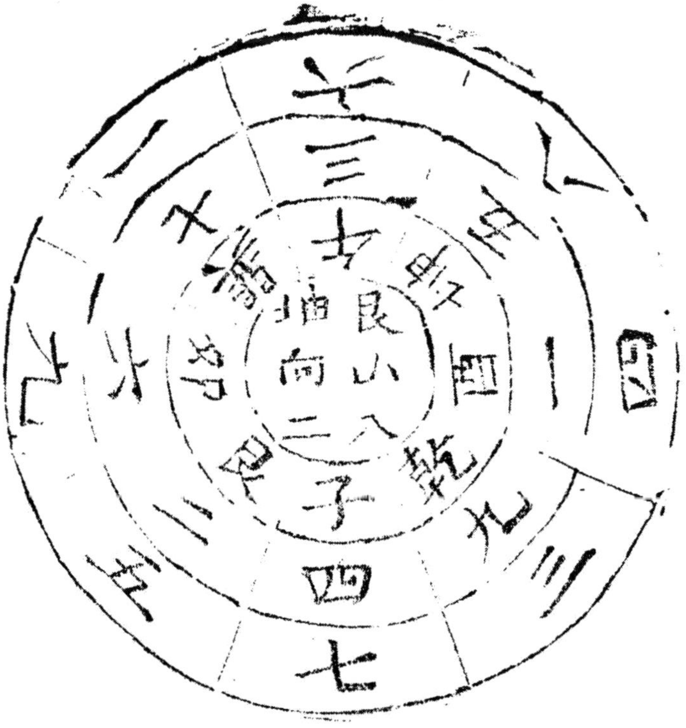
艮
山
向
乾
子
三
四
九
七

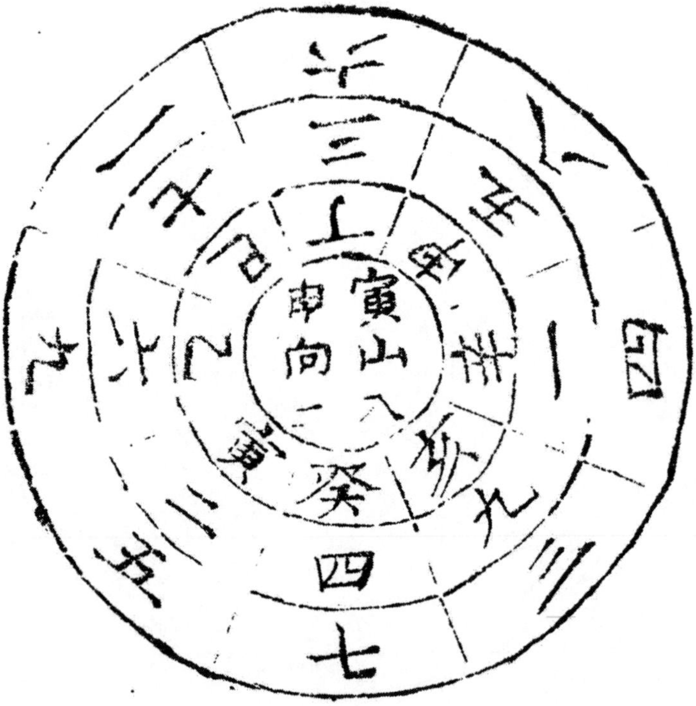
寅山
申向
癸
四
七

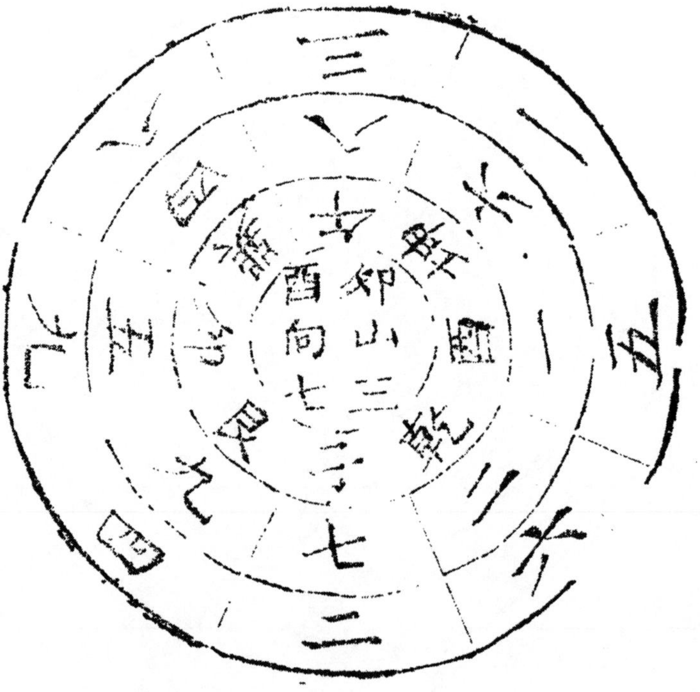

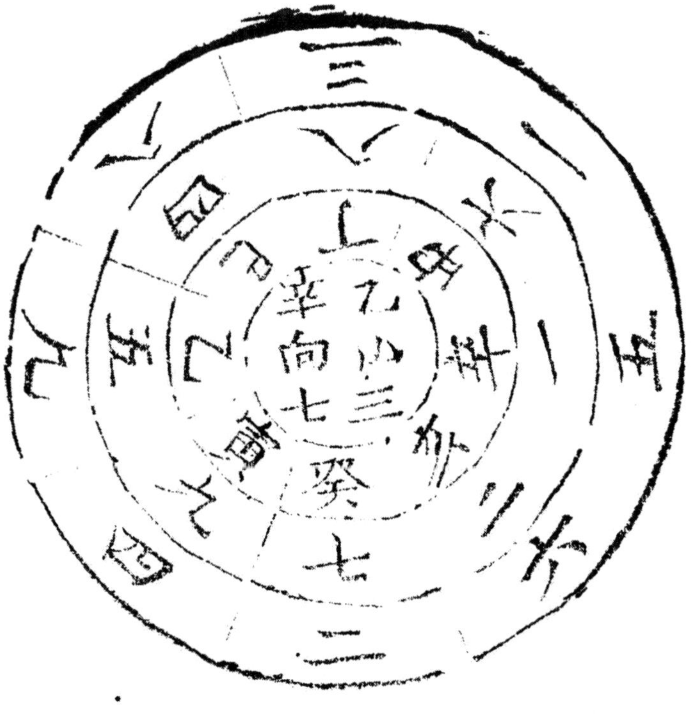

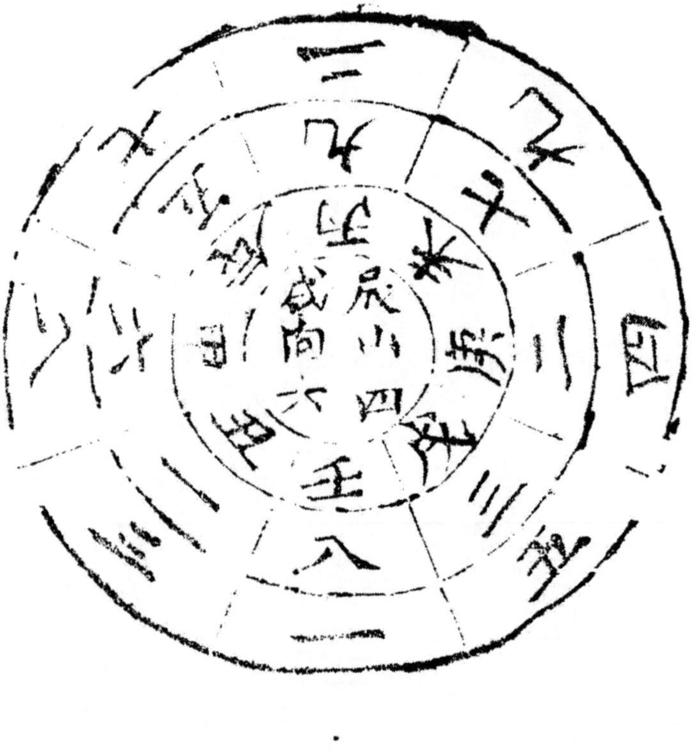

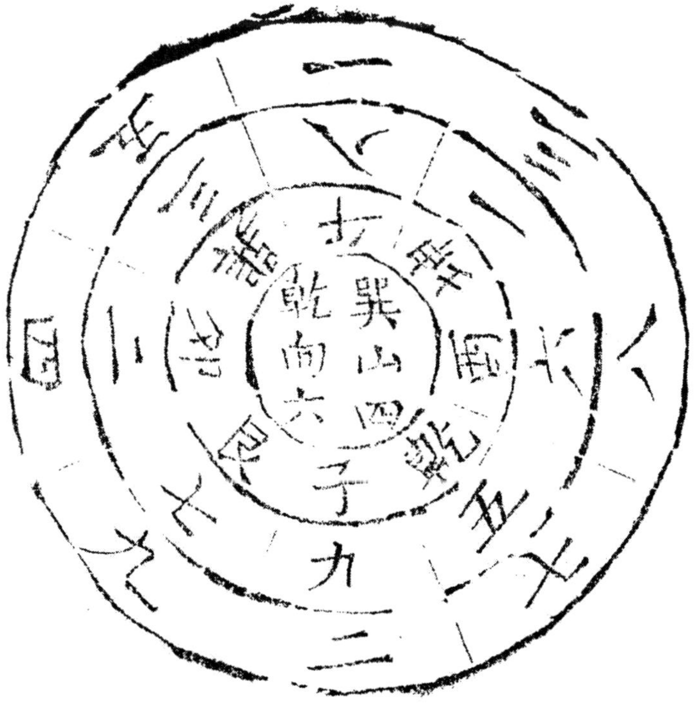
巽山四
乾向六

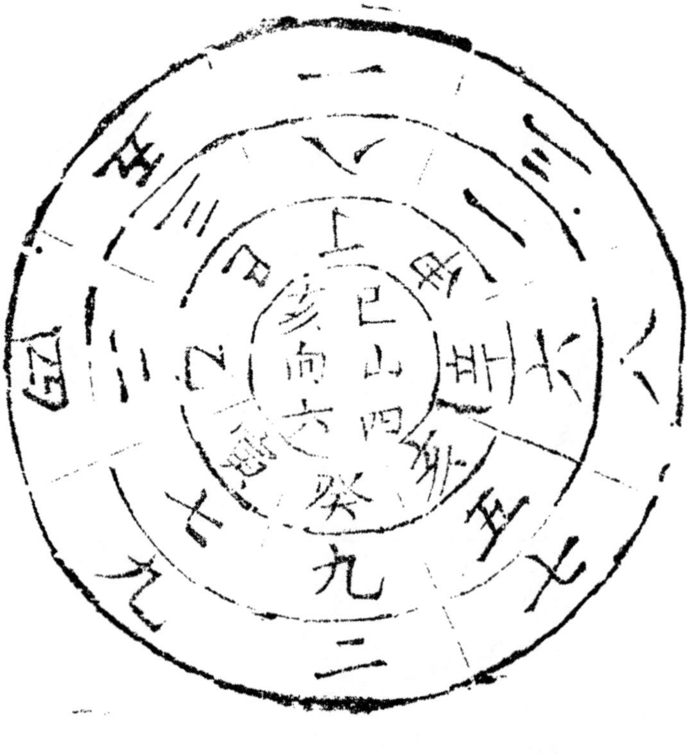
巳山亥向

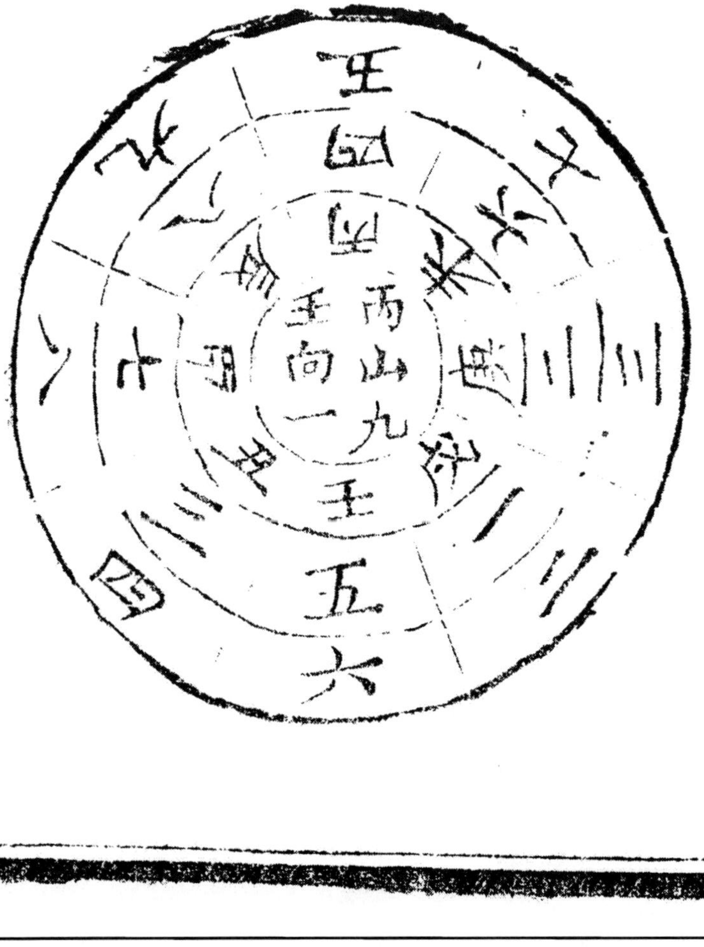
丙山
壬向
九
一
五
六

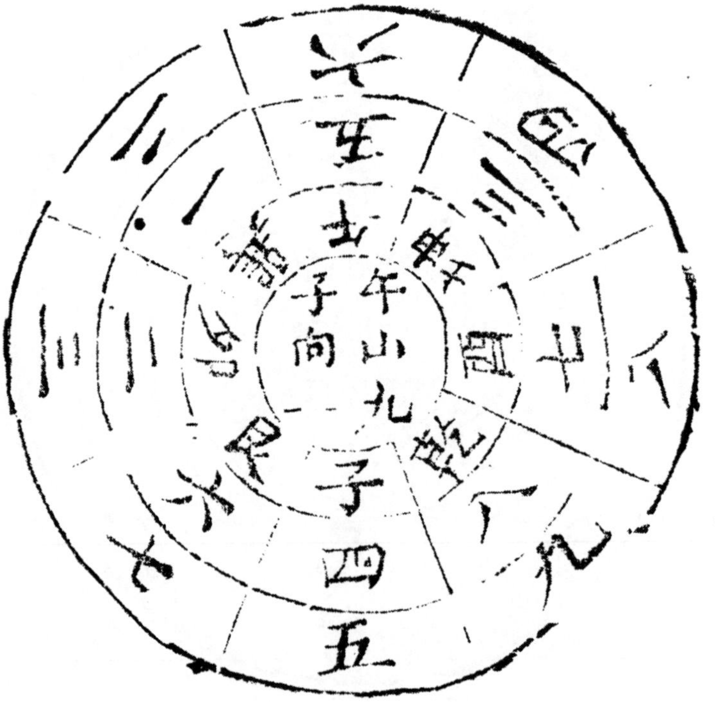
午山
子向
九
子
乾
艮

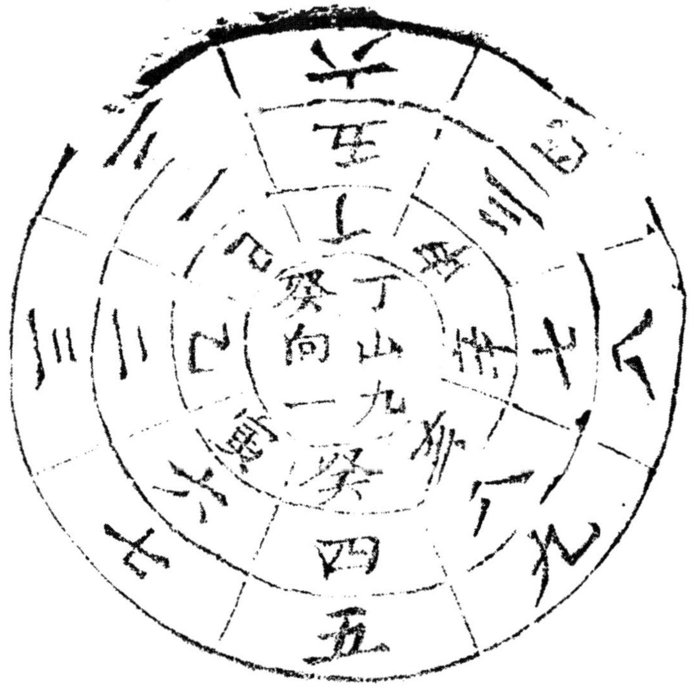
丁山
癸向
四
五

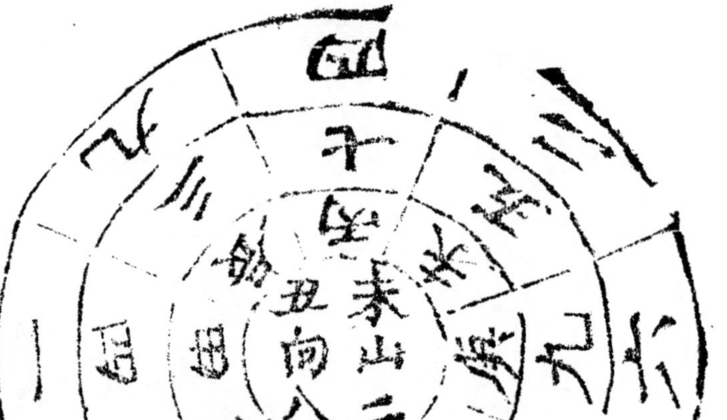

申山寅向

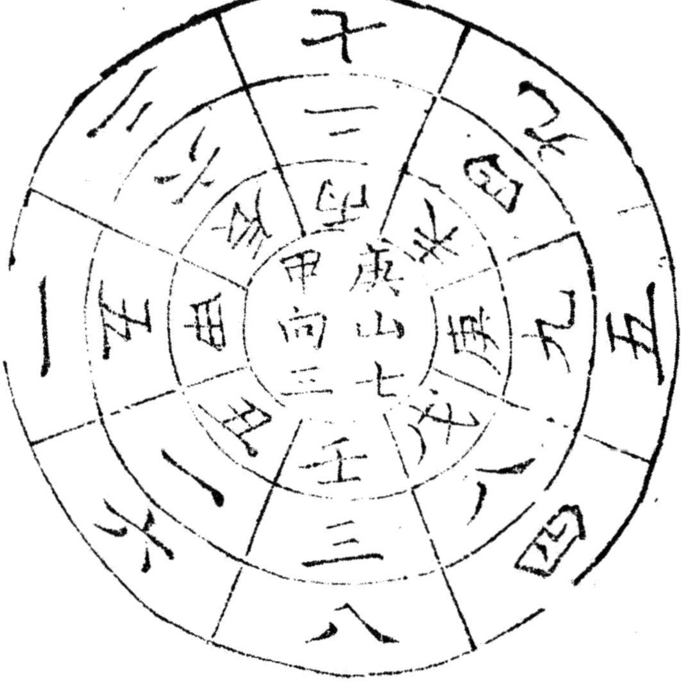
庚山七
甲向三

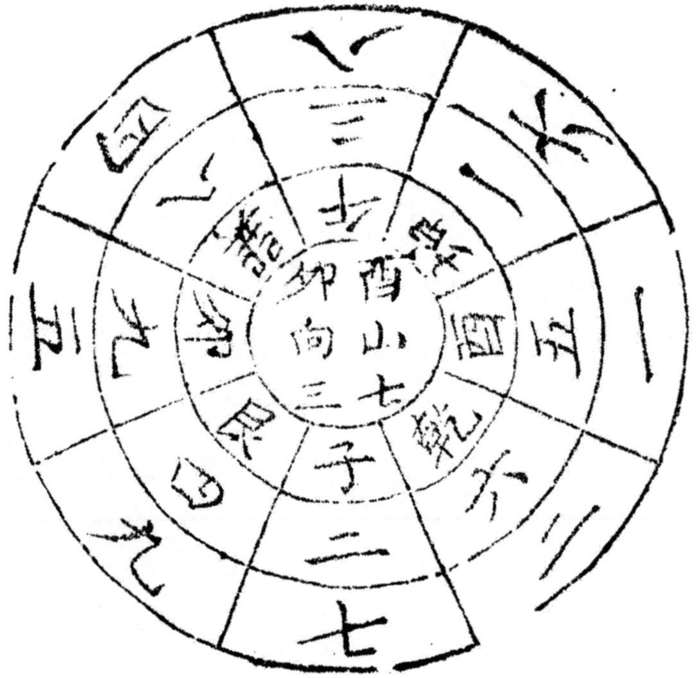
酉山七
卯向三

中元五黃運

戌山六
辰向四

中元六白運二十四山向飛星圖

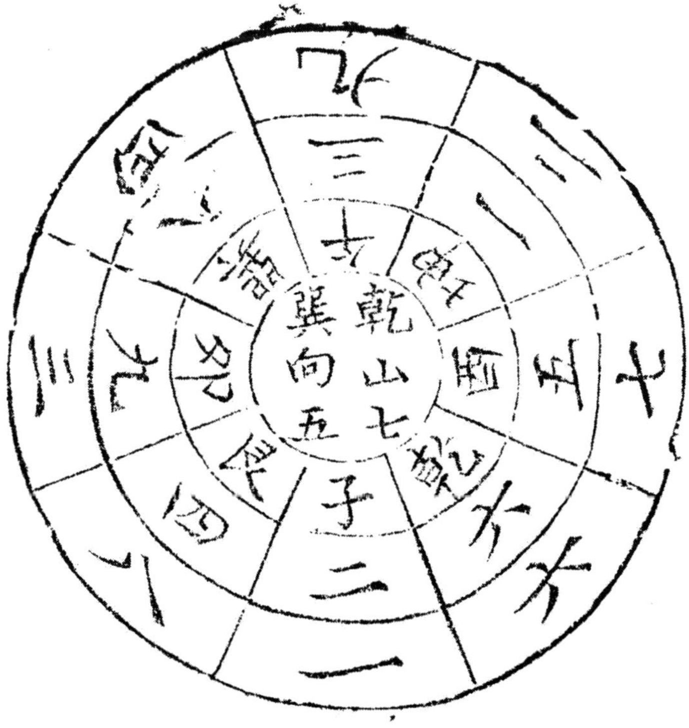

亥山
巳向
七
五

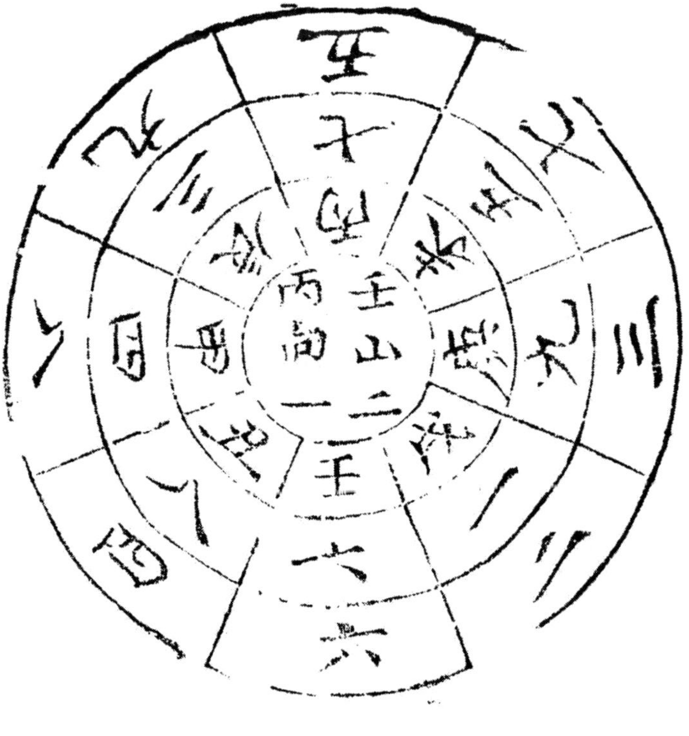
壬山
丙向

子山二
午向一
乾
子
七
五

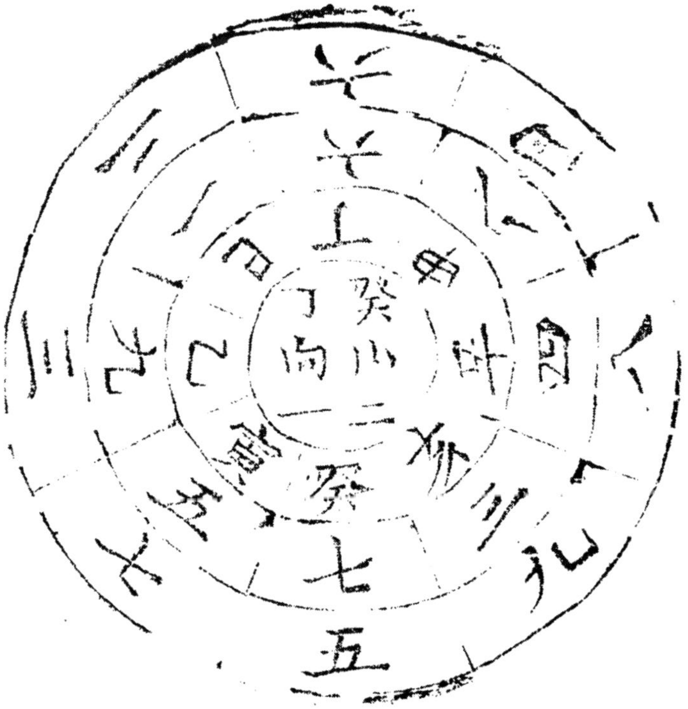

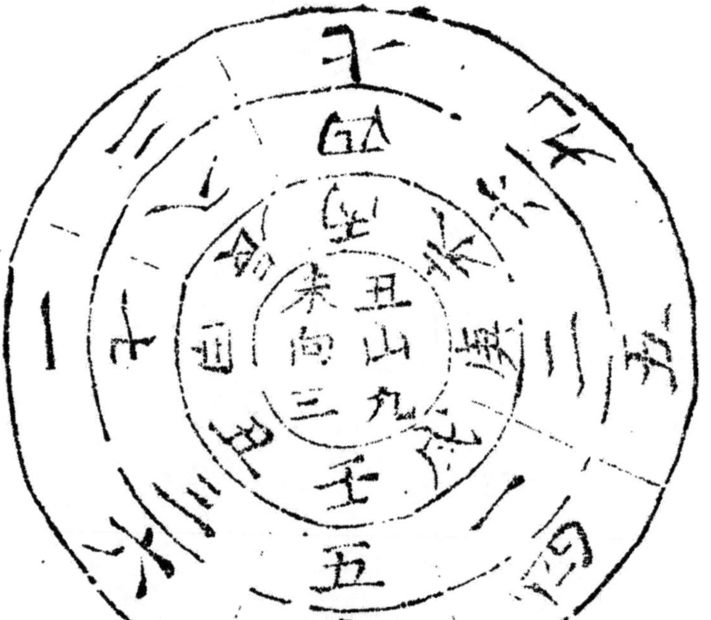
丑山九
未向三

寅山九
甲向三
癸
四
七

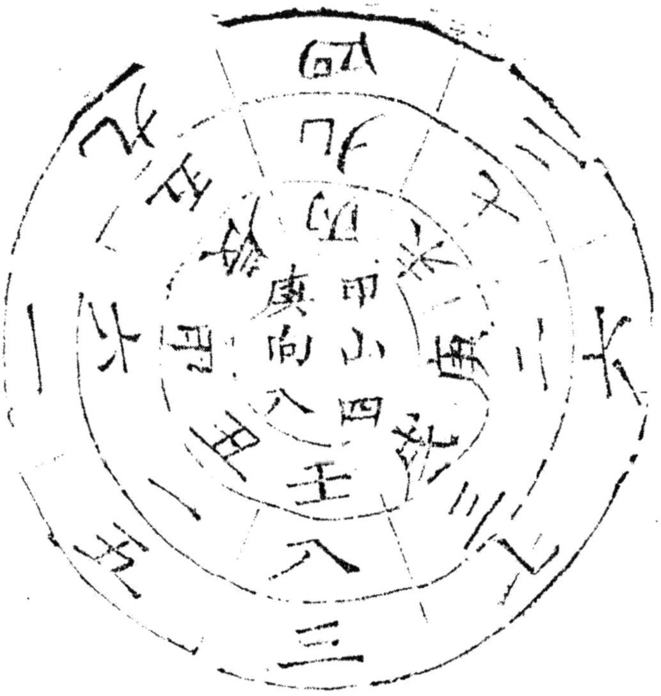

卯山酉向

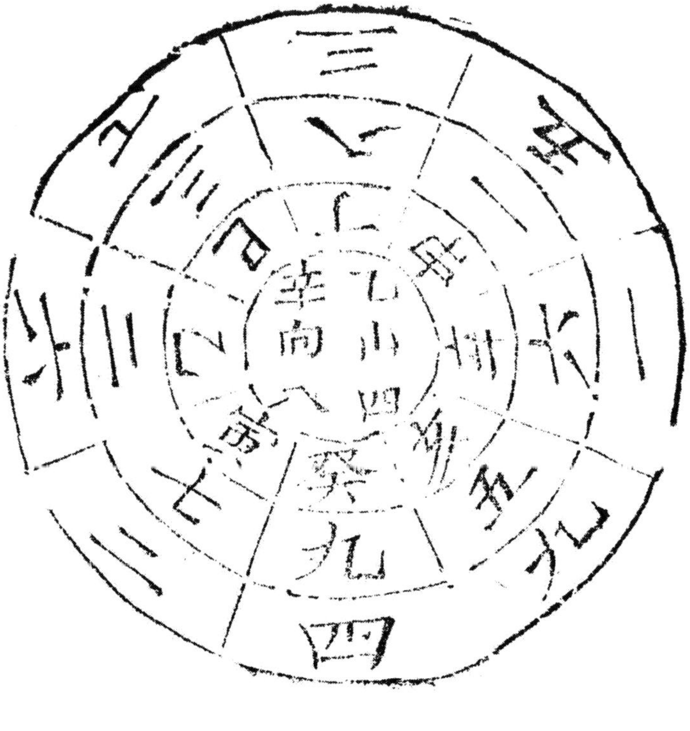

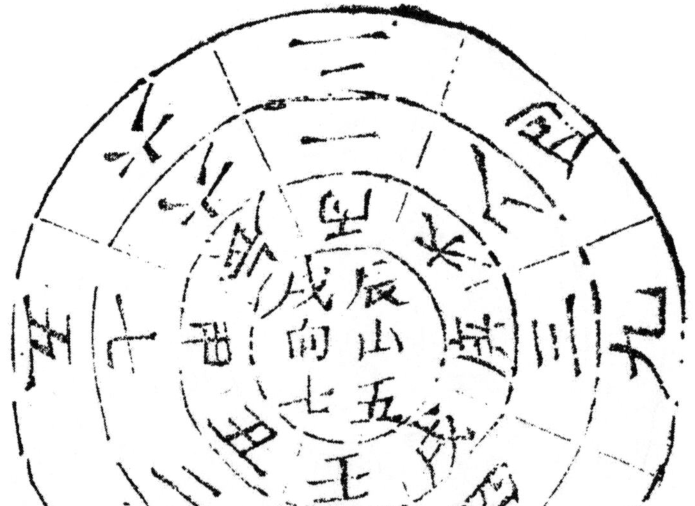
辰山五
戌向七

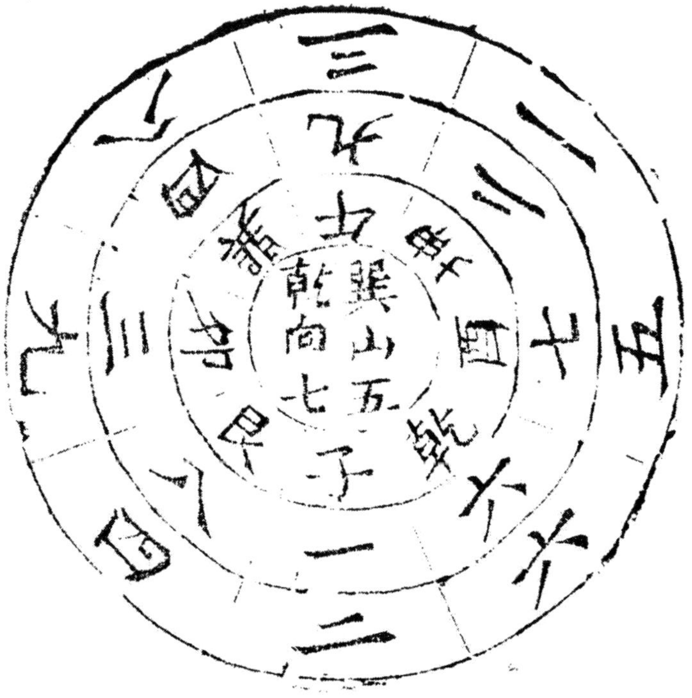

巳山五
亥向七

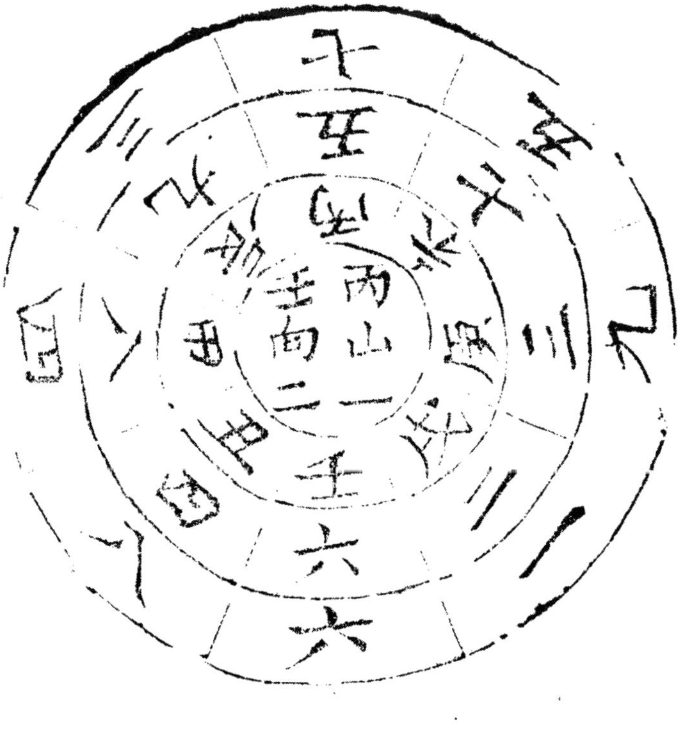
丙山壬向

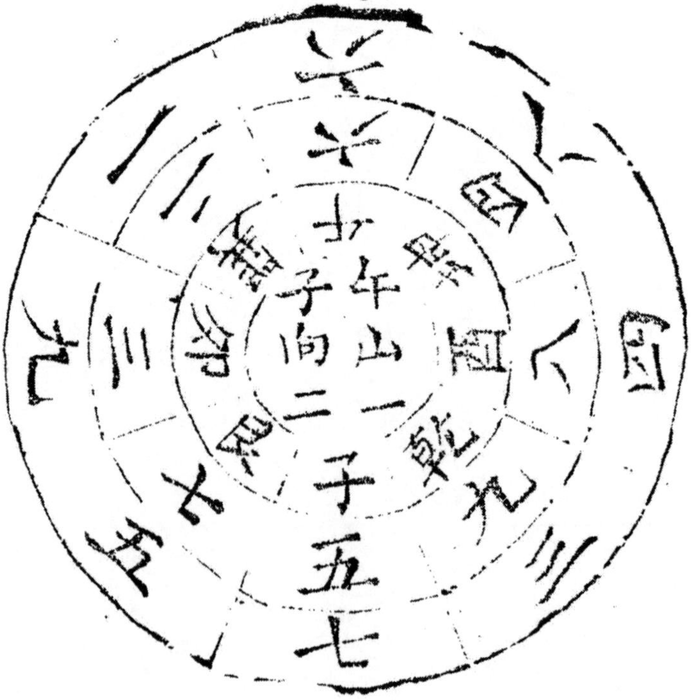
午山子向

丁山
癸向

坤山三
艮向九

申山寅向

庚山八
甲向四

酉山
卯向

辛山乙向

戌山
辰向
七
五
丙
壬
甲
二
一
八
四
三
九
六
七
二
一
九
三
四

# 天心正運卷四

## 下元七赤運
## 二十四山向
## 飛星圖

亥山巳向
八
六

壬山三
丙向二

子山
午向

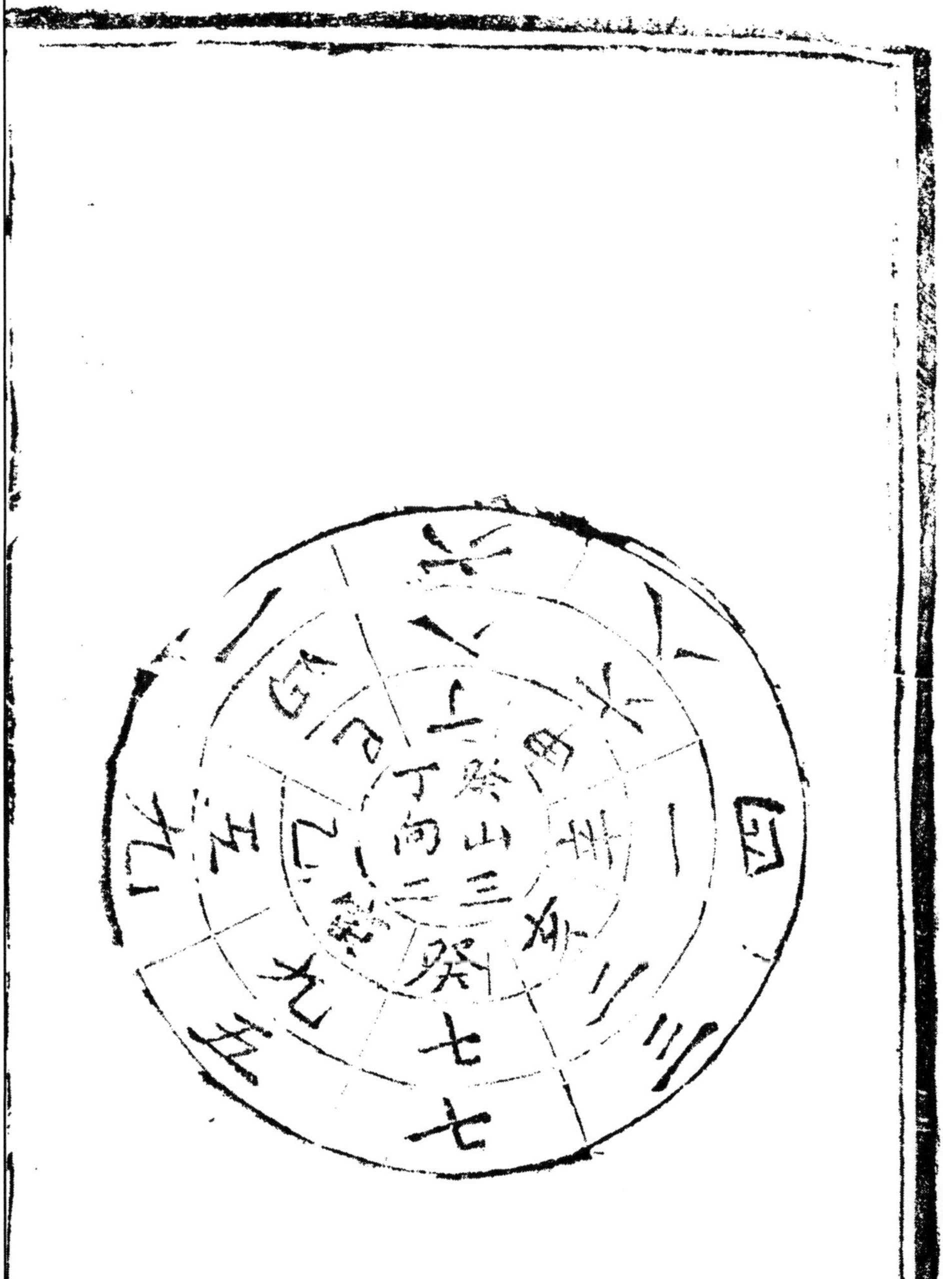
癸山丁向

丑山未向

艮山
坤向
一
四
子
乾
酉
五
九
七
三
二
八
六

寅山申向
一
四

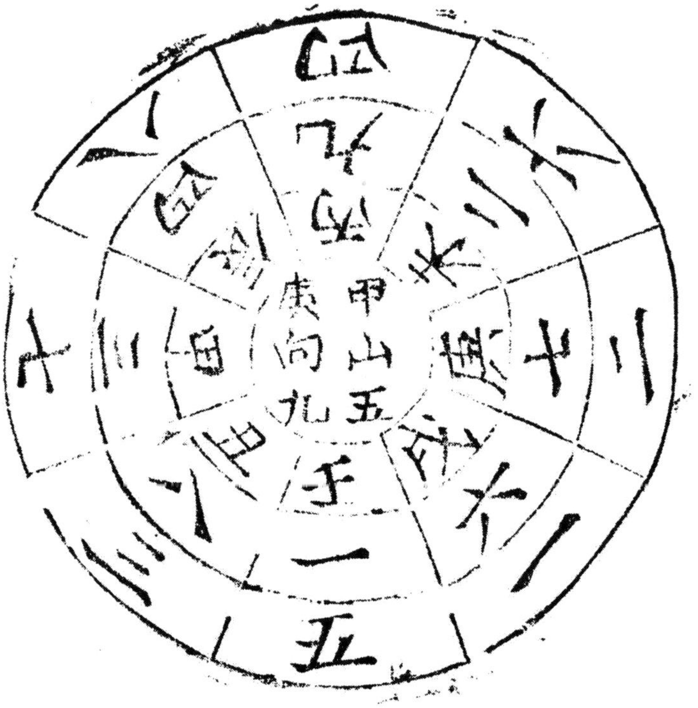
甲山五
庚向九

卯山五
酉向九

乙山五
辛向九

辰山戌向

巽山
乾向
六入子

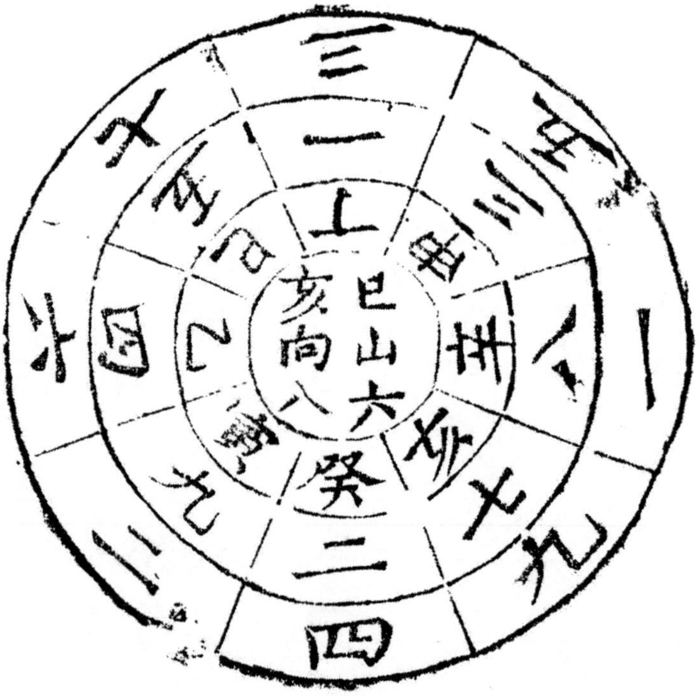
巳山
亥向
六
八
三
一
二
四

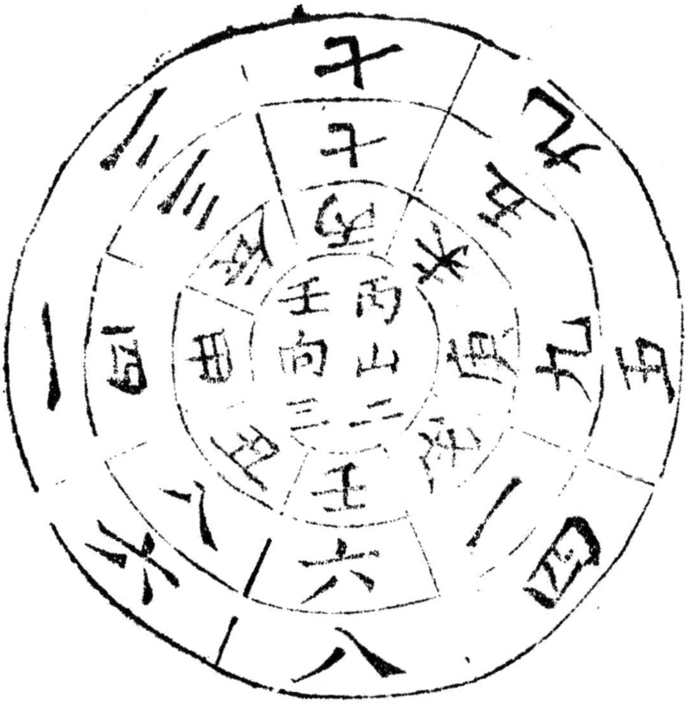
丙山二
壬向三

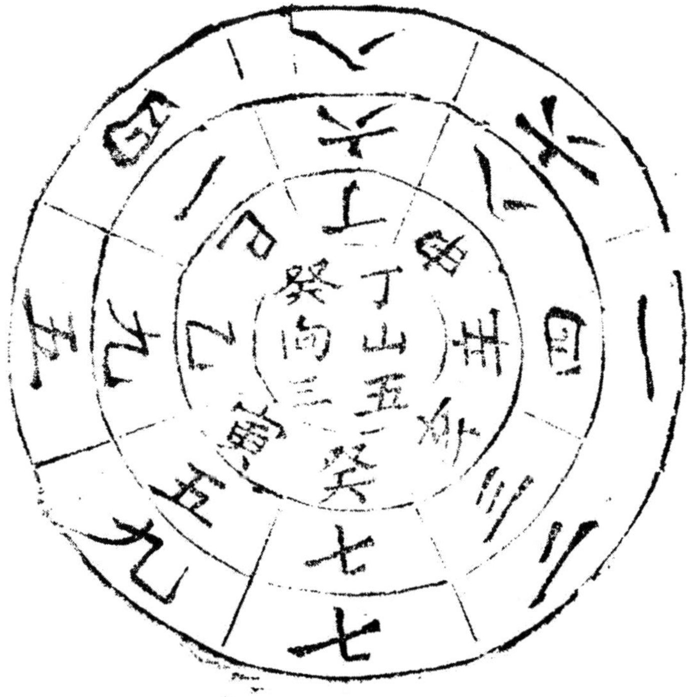
丁山
癸向

未山
丑向
四
一
五
七
三
二
六
四
八
九

坤山
艮向

申山四
寅向一
丁
癸
六
四
八
九
五
七
三
二

庚山九
甲向五
壬
四
五
九
一

酉山九
卯向三
乾
子
艮
四
九

辛山九
乙向五
一
四
九
癸
寅

戌山八
辰向六

下元八白運
二十四山向
飛星圖

亥山九
巳向七
丁
癸
乙
辛
三
五
四
二
六
七
八
九

壬山四
丙向三

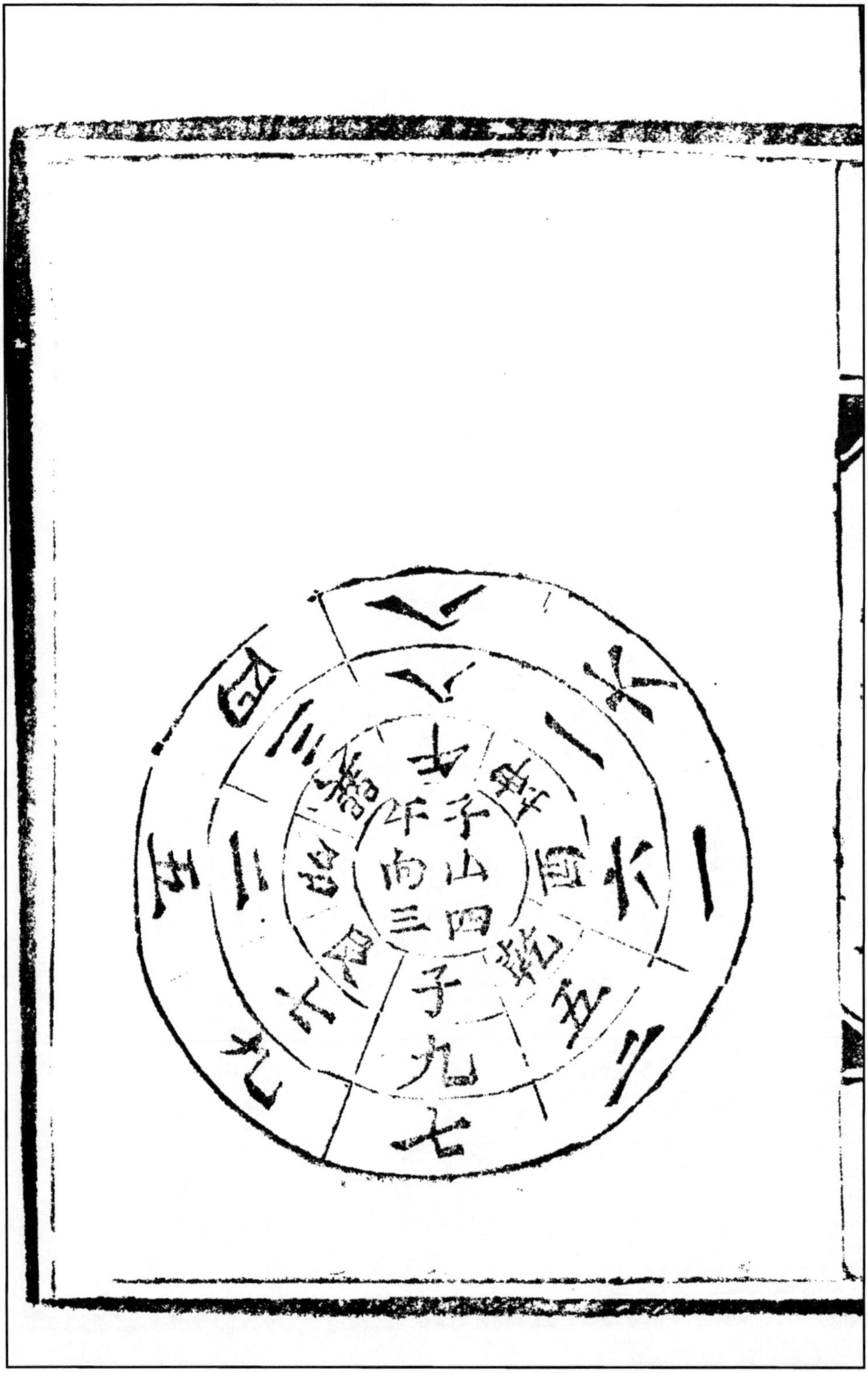
子山四
午向三

丑山二
未向五
丙
庚
壬
甲

艮山二
坤向五

寅山二
申向五

甲山
庚向

卯山六
酉向一

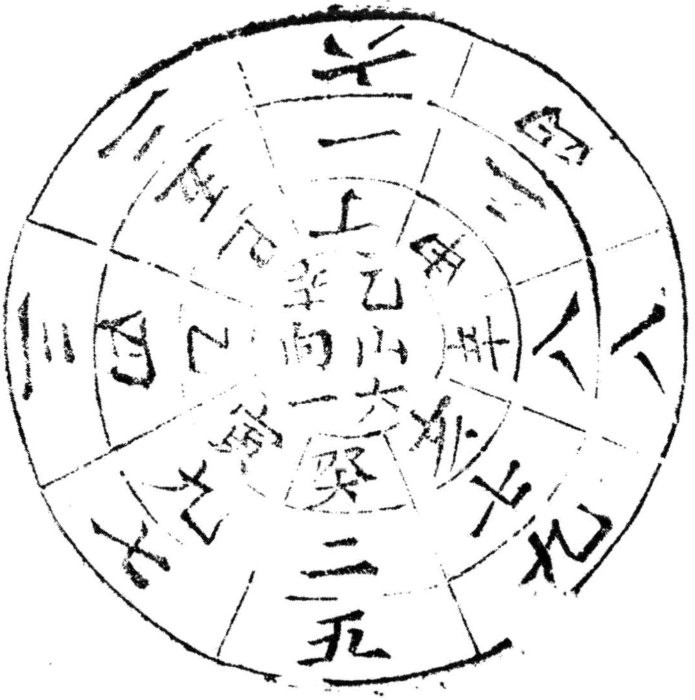

辰山七
戌向九

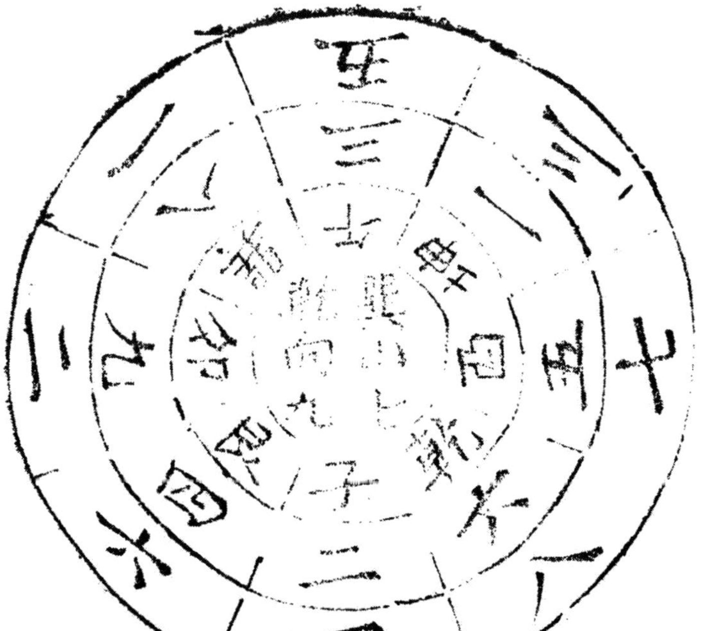

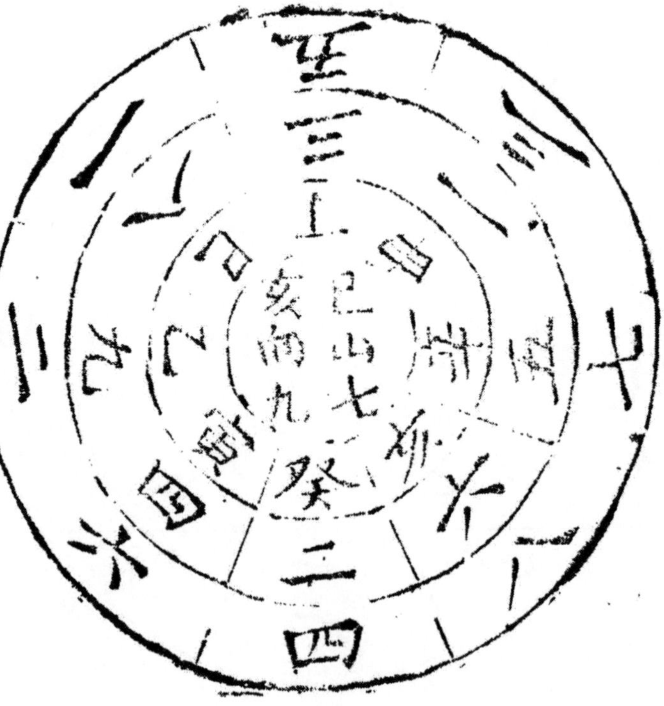

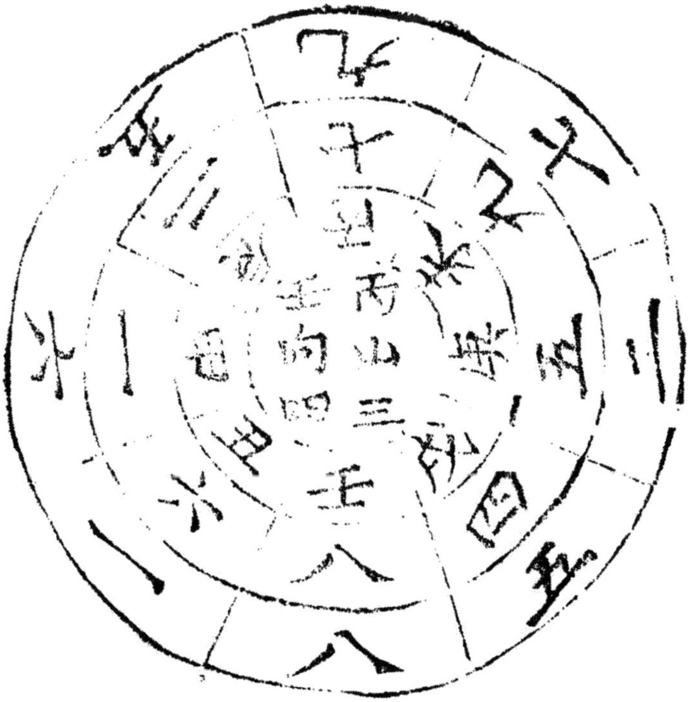

午山
子向
三
四

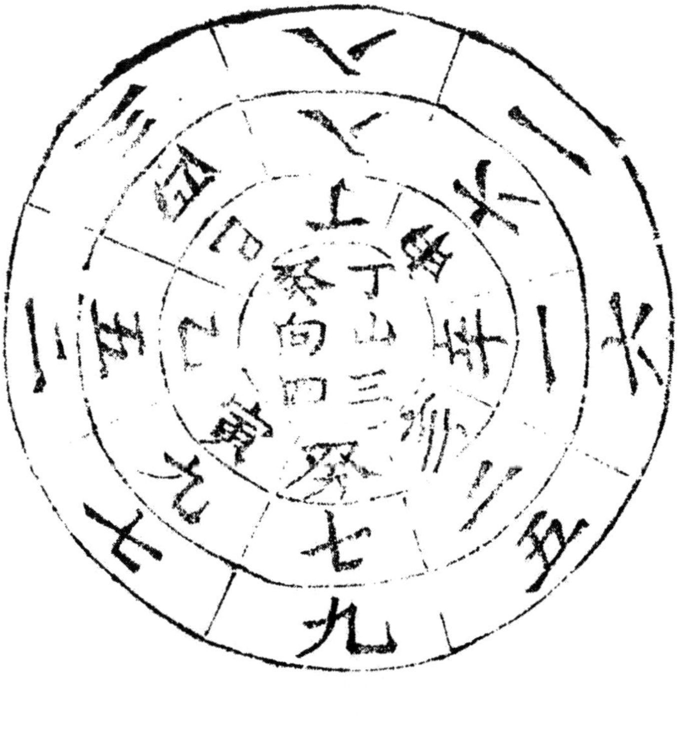
丁山癸向

未山五
丑向二

申山五
寅向二

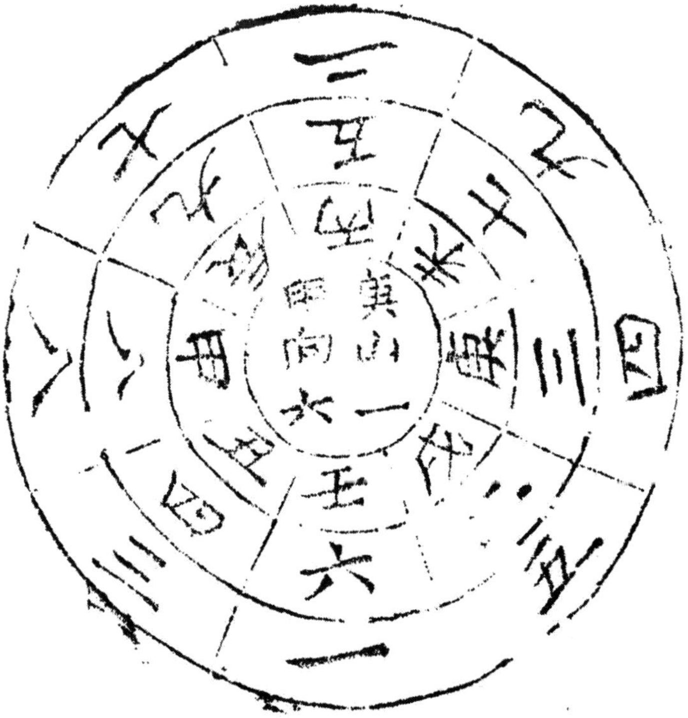

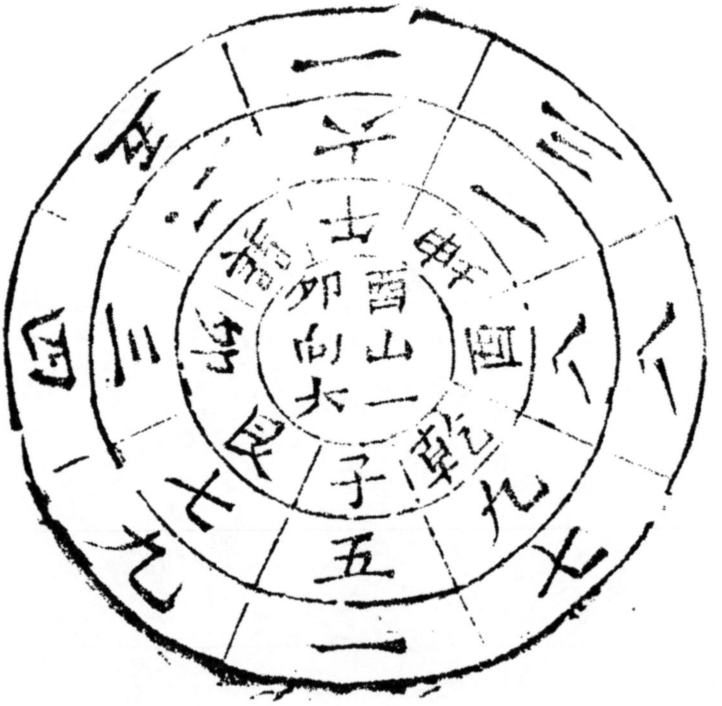
酉山
卯向
子
乾
五

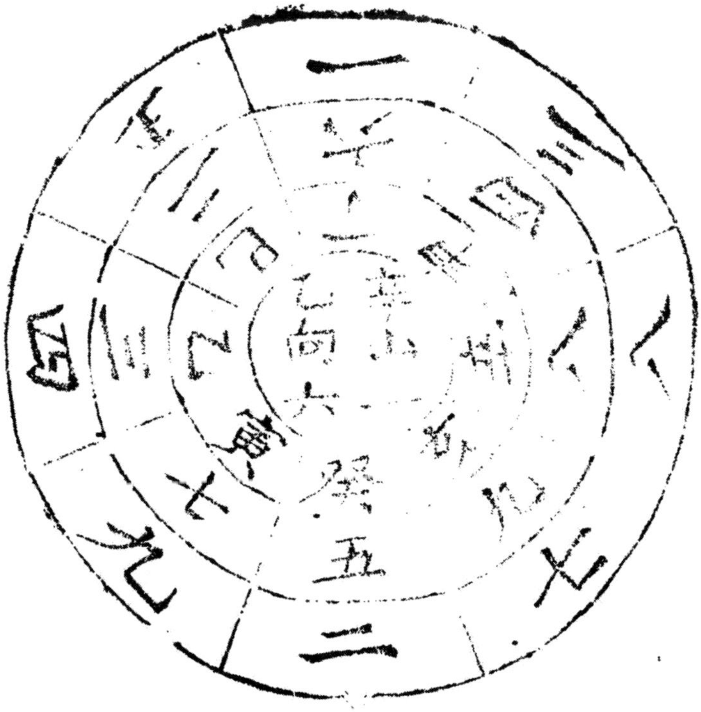
一
三
八
七
二
九
四
五
向
山

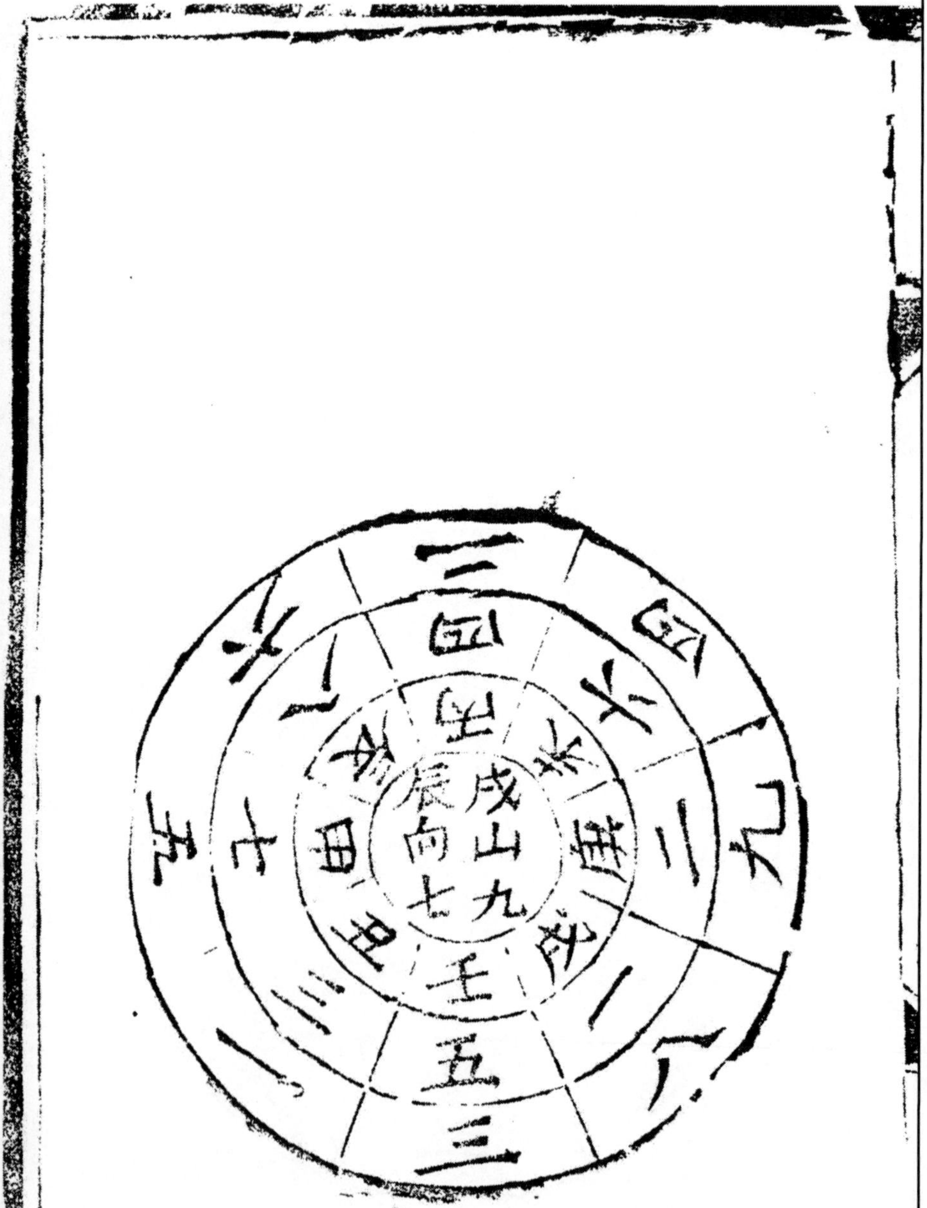
戌山九
辰向七

下元九紫運
二十四山向
飛星圖

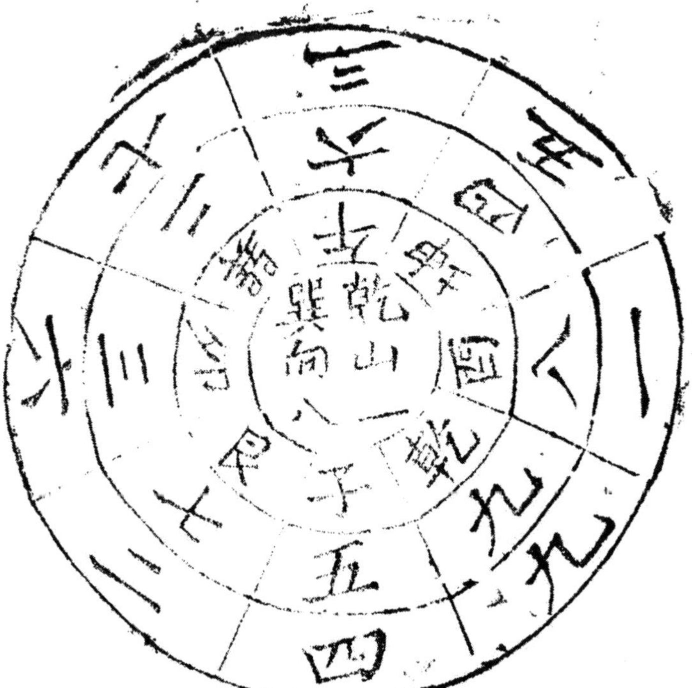

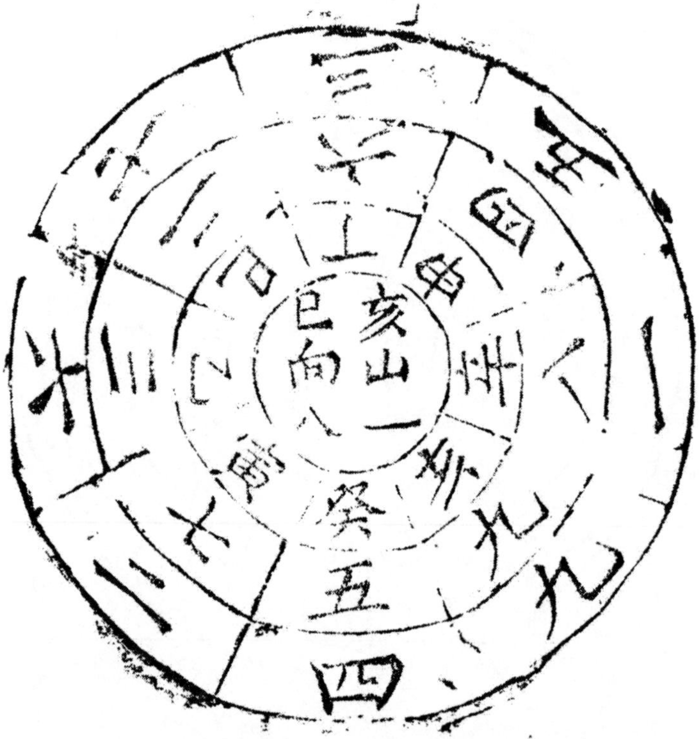
亥山
巳向

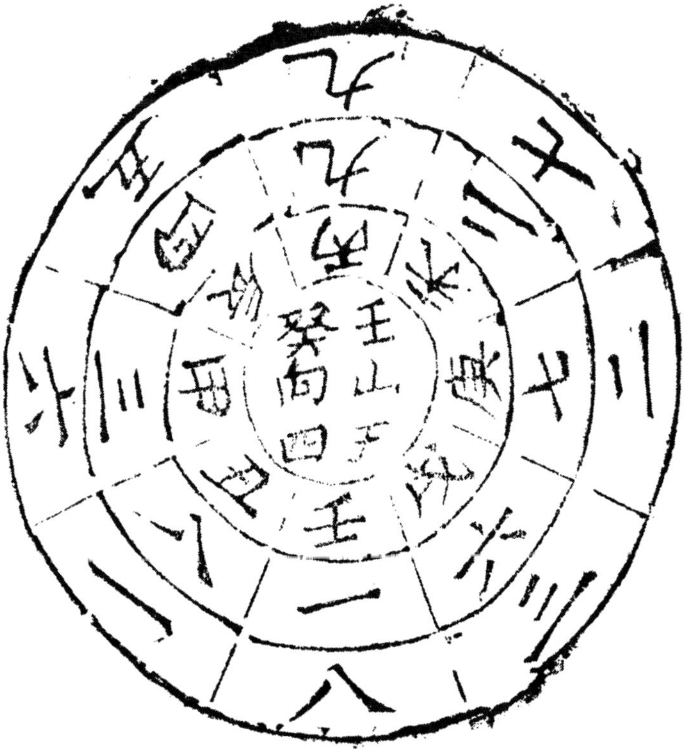

子山午向
五四
乾
子
四
五
九
九

下元九紫運

三

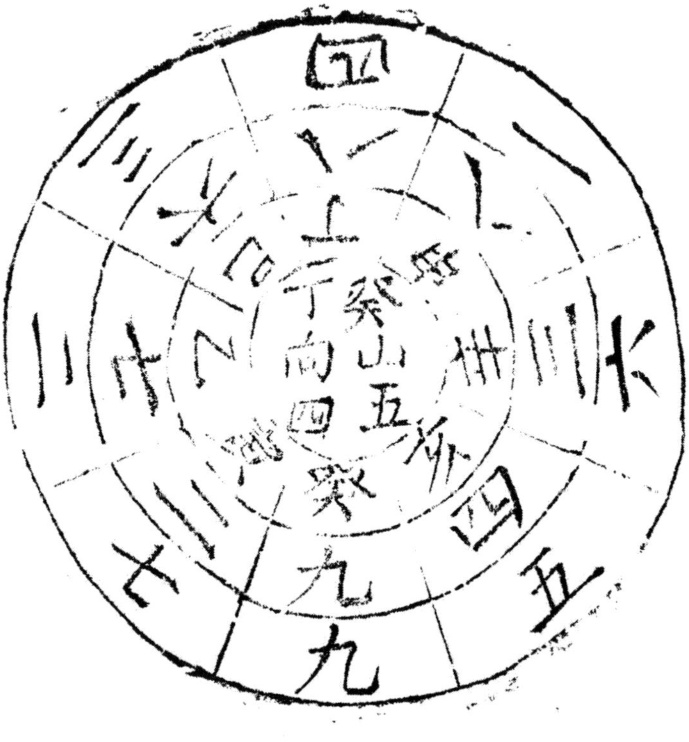

丑山未向

艮山
坤向

寅山三
申向六

子
二
九
三
六
一
甲山
庚向

乙山七
辛向二

辰山戌向

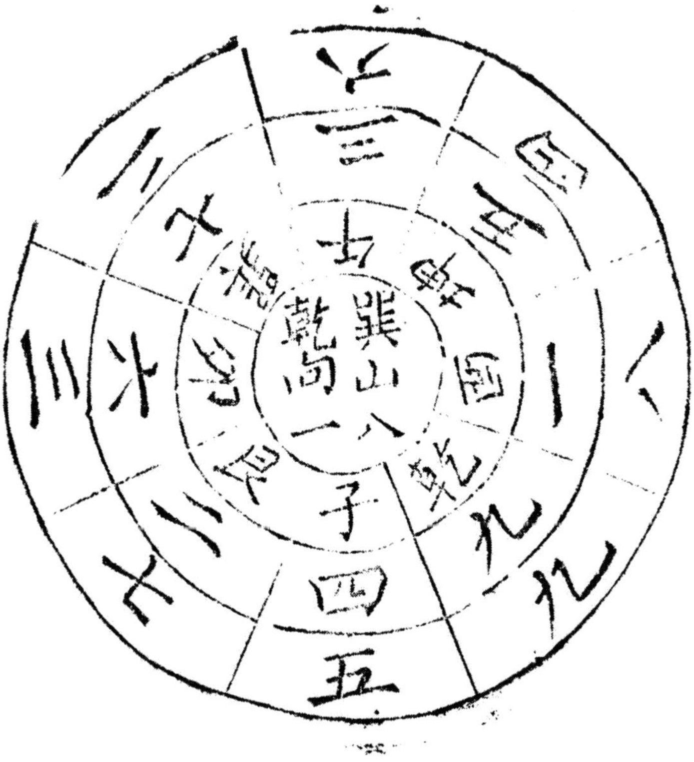
巽山八
乾向一

巳山亥向
八
一
三
四
五
九
九
六

丙山四
壬向五

午山六
子向三

丁山四
癸向五

未山六
丑向三
壬
戌
一
八

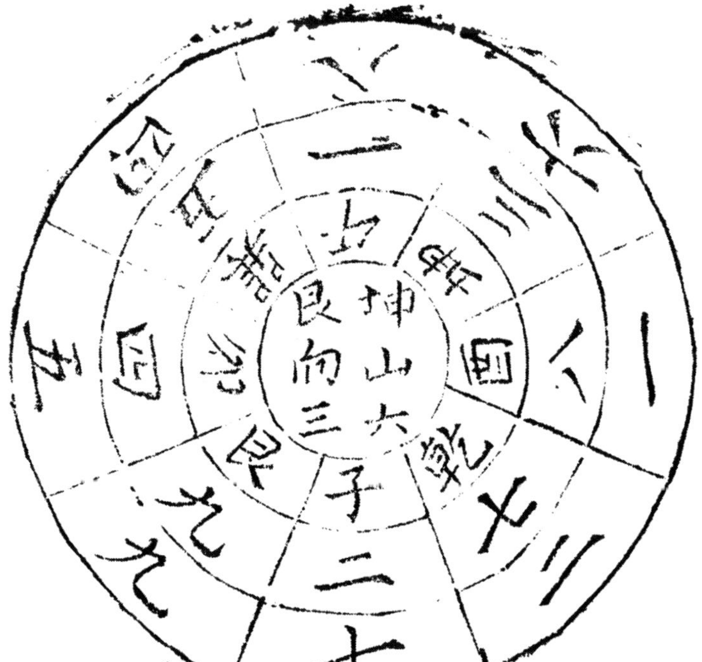
坤山
艮向
六
三

申山六
寅向三
丁
乙
癸

寅山二
申向七

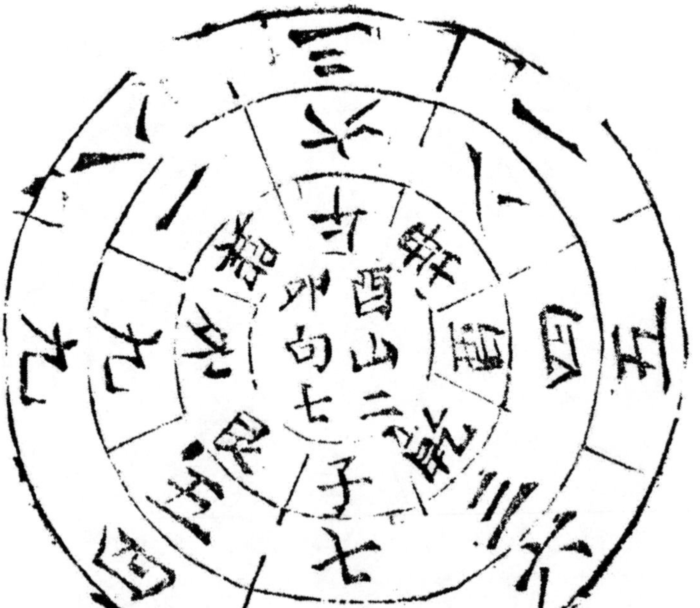

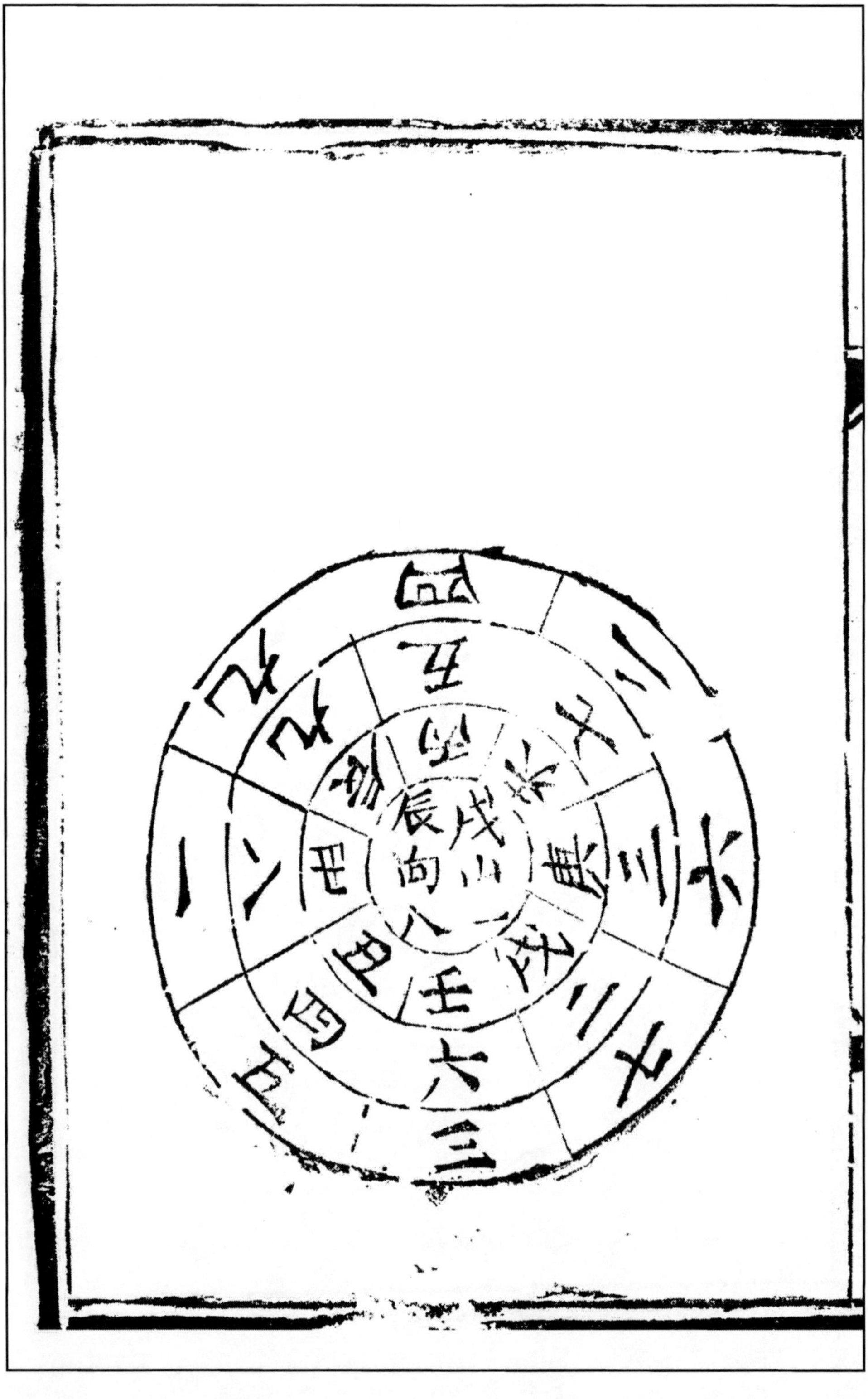
戌山辰向

**占筮類**

| | | | |
|---|---|---|---|
| 1 | 擲地金聲搜精秘訣 | 心一堂編 | 沈氏研易樓藏稀見易占秘鈔本 |
| 2 | 卜易拆字秘傳百日通 | 心一堂編 | |
| 3 | 易占陽宅六十四卦秘斷 | 心一堂編 | 火珠林占陽宅風水秘鈔本 |

**星命類**

| | | | |
|---|---|---|---|
| 4 | 斗數宣微 | 【民國】王裁珊 | 民初最重要斗數著述之一；未刪改本 |
| 5 | 斗數觀測錄 | 【民國】王裁珊 | 失傳民初斗數重要著作 |
| 6 | 《地星會源》《斗數綱要》合刊 | 心一堂編 | 失傳的第三種飛星斗數 |
| 7 | 《斗數秘鈔》《紫微斗數之捷徑》合刊 | 心一堂編 | 珍稀「紫微斗數」舊鈔 |
| 8 | 斗數演例 | 心一堂編 | 秘本 |
| 9 | 紫微斗數全書（清初刻原本） | 題【宋】陳希夷 | 斗數全書本來面目；有別於錯誤極多的坊本 |
| 10-12 | 鐵板神數（清刻足本）——附秘鈔密碼表 | 題【宋】邵雍 | 無錯漏原版 秘鈔密碼表 首次公開！ |
| 13-15 | 蠢子數纏度 | 題【宋】邵雍 | 蠢子數連密碼表 打破數百年秘傳 首次公開！ |
| 16-19 | 皇極數 | 題【宋】邵雍 | 清鈔孤本附起例及完整密碼表 研究神數必讀！ |
| 20-21 | 邵夫子先天神數 | 題【宋】邵雍 | 附手鈔密碼表 研究神數必讀！ |
| 22 | 八刻分經定數（密碼表） | 題【宋】邵雍 | 皇極數另一版本；附手鈔密碼表 |
| 23 | 新命理探原 | 【民國】袁樹珊 | 子平命理必讀教科書！ |
| 24-25 | 袁氏命譜 | 【民國】袁樹珊 | |
| 26 | 韋氏命學講義 | 【民國】韋千里 | 民初二大命理家南袁北韋 |
| 27 | 千里命稿 | 【民國】韋千里 | |
| 28 | 精選命理約言 | 【民國】韋千里 | 北韋之命理經典 |
| 29 | 滴天髓闡微——附李雨田命理初學捷徑 | 【民國】袁樹珊、李雨田 | 命理經典未刪改足本 |
| 30 | 段氏白話命學綱要 | 【民國】段方 | 民初命理經典最淺白易懂 |
| 31 | 命理用神精華 | 【民國】王心田 | 學命理者之寶鏡 |

| | | | |
|---|---|---|---|
| 32 | 命學探驪集 | 【民國】張巢雲 | 發前人所未發　稀見民初子平命理著作 |
| 33 | 澹園命談 | 【民國】高澹園 | |
| 34 | 算命一讀通——鴻福齊天 | 【民國】不空居士、覺先居士合纂 | |
| 35 | 子平玄理 | 【民國】施惕君 | |
| 36 | 星命風水秘傳百日通 | 心一堂編 | |
| 37 | 命理大四字金前定 | 題【晉】鬼谷子王詡 | 源自元代算命術 |
| 38 | 命理斷語義理源深 | 心一堂編 | 稀見清代批命斷語及活套 |
| 39-40 | 文武星案 | 【明】陸位 | 失傳四百年《張果星宗》姊妹篇　千多星盤命例　研究命學必備 |
| **相術類** | | | |
| 41 | 新相人學講義 | 【民國】楊叔和 | 失傳民初白話文相術書 |
| 42 | 手相學淺說 | 【民國】黃龍 | 民初中西結合手相學經典 |
| 43 | 大清相法 | 心一堂編 | 重現失傳經典相書 |
| 44 | 相法易知 | 心一堂編 | |
| 45 | 相法秘傳百日通 | 心一堂編 | |
| **堪輿類** | | | |
| 46 | 靈城精義箋 | 【清】沈竹礽 | 沈氏玄空遺珍　玄空風水必讀 |
| 47 | 地理辨正抉要 | 【清】沈竹礽 | |
| 48 | 《玄空古義四種通釋》《地理疑義答問》合刊 | 沈瓞民 | |
| 49 | 《沈氏玄空吹虀室雜存》《玄空捷訣》合刊 | 【民國】申聽禪 | |
| 50 | 漢鏡齋堪輿小識 | 【民國】查國珍、沈瓞民 | |
| 51 | 堪輿一覽 | 【清】孫竹田 | 失傳已久的無常派玄空經典 |
| 52 | 章仲山挨星秘訣（修定版） | 【清】章仲山 | 章仲山無常派玄空珍秘　門內秘本首次公開 |
| 53 | 臨穴指南 | 【清】章仲山 | |
| 54 | 章仲山宅案附無常派玄空秘要 | 心一堂編 | 沈竹礽等大師尋覓一生末得之珍本！ |
| 55 | 地理辨正補 | 【清】朱小鶴 | 玄空六派蘇州派代表作 |
| 56 | 陽宅覺元氏新書 | 【清】元祝垚 | 簡易・有效・神驗之玄空陽宅法 |
| 57 | 地學鐵骨秘　附　吳師青藏命理大易數 | 【民國】吳師青 | 釋玄空廣東派地學之秘 |
| 58-61 | 四秘全書十二種（清刻原本） | 【清】尹一勺 | 玄空湘楚派經典本來面目　有別於錯誤極多的坊本 |

| | | | |
|---|---|---|---|
| 62 | 地理辨正補註　附 元空秘旨　天元五歌　玄空精髓　心法秘訣等數種合刊 | 【民國】胡仲言 | 貫通易理、巒頭、三元、三合、天星、中醫 |
| 63 | 地理辨正自解 | 【清】李思白 | 公開玄空家「分率尺、工部尺、量天尺」之秘 |
| 64 | 許氏地理辨正釋義 | 【民國】許錦灝 | 民國易學名家黃元炳力薦 |
| 65 | 地理辨正天玉經內傳要訣圖解 | 【清】程懷榮 | 秘訣一語道破，圖文并茂 |
| 66 | 謝氏地理書 | 【民國】謝復 | 玄空體用兼備、深入淺出 |
| 67 | 論山水元運易理斷驗、三元氣運說附紫白訣等五種合刊 | 【宋】吳景鸞等 | 失傳古本《玄空秘旨》《紫白訣》 |
| 68 | 星卦奧義圖訣 | 【清】施安仁 | |
| 69 | 三元地學秘傳 | 【清】何文源 | |
| 70 | 三元玄空挨星四十八局圖說 | 心一堂編 | 三元玄空門內秘笈　清鈔孤本<br>過去均為必須守秘不能公開秘密<br>與今天流行飛星法不同 |
| 71 | 三元挨星秘訣仙傳 | 心一堂編 | |
| 72 | 三元地理正傳 | 心一堂編 | |
| 73 | 三元天心正運 | 心一堂編 | |
| 74 | 元空紫白陽宅秘旨 | 心一堂編 | |
| 75 | 玄空挨星秘圖　附 堪輿指迷 | 心一堂編 | |
| 76 | 姚氏地理辨正圖說　附 地理九星并挨星真訣全圖　秘傳河圖精義等數種合刊 | 【清】姚文田等 | 蓮池心法　玄空六法<br>門內秘鈔本首次公開 |
| 77 | 元空法鑑批點本——附 法鑑口授訣要、秘傳玄空三鑑奧義匯鈔　合刊 | 【清】曾懷玉等 | |
| 78 | 元空法鑑心法 | 【清】曾懷玉等 | |
| 79 | 曾懷玉增批蔣徒傳天玉經補註【新修訂版原（彩）色本】 | 【清】項木林、曾懷玉 | |
| 80 | 地理學新義 | 【民國】俞仁宇撰 | 揭開連城派風水之秘 |
| 81 | 地理辨正揭隱（足本）　附連城派秘鈔口訣 | 【民國】王邈達 | |
| 82 | 趙連城傳地理秘訣附雪庵和尚字字金 | 【明】趙連城 | |
| 83 | 趙連城秘傳楊公地理真訣 | 【明】趙連城 | |
| 84 | 地理法門全書 | 仗溪子、芝罘子 | 巒頭風水，內容簡核、深入淺出 |
| 85 | 地理方外別傳 | 【清】熙齋上人 | 巒頭形勢、「望氣」「鑑神」 |
| 86 | 地理輯要 | 【清】余鵬 | 集地理經典之精要 |
| 87 | 地理秘珍 | 【清】錫九氏 | 巒頭、三合天星，圖文並茂 |
| 88 | 《羅經舉要》附《附三合天機秘訣》 | 【清】賈長吉 | 清鈔孤本羅經、三合訣法圖解 |
| 89－90 | 嚴陵張九儀增釋地理琢玉斧巒 | 【清】張九儀 | 清初三合風水名家張九儀經典清刻原本！ |

| | | | |
|---|---|---|---|
| 91 | 地學形勢摘要 | 心一堂編 | 形家秘鈔珍本 |
| 92 | 《平洋地理入門》《巒頭圖解》合刊 | 【清】盧崇台 | 平洋水法、形家秘本 |
| 93 | 《鑒水極玄經》《秘授水法》合刊 | 【唐】司馬頭陀、【清】鮑湘襟 | 千古之秘，不可妄傳匪人 |
| 94 | 平洋地理闡秘 | 心一堂編 | 雲間三元平洋形法秘鈔珍本 |
| 95 | 地經圖說 | 【清】余九皋 | 形勢理氣、精繪圖文 |
| 96 | 司馬頭陀地鉗 | 【唐】司馬頭陀 | 流傳極稀《地鉗》 |
| 97 | 欽天監地理醒世切要辨論 | 【清】欽天監 | 公開清代皇室御用風水真本 |
| **三式類** | | | |
| 98－99 | 大六壬尋源二種 | 【清】張純照 | 六壬入門、占課指南 |
| 100 | 六壬教科六壬鑰 | 【民國】蔣問天 | 由淺入深，首尾悉備 |
| 101 | 壬課總訣 | 心一堂編 | 過去術家不外傳的珍稀六壬術秘鈔本 |
| 102 | 六壬秘斷 | 心一堂編 | |
| 103 | 大六壬類闡 | 心一堂編 | |
| 104 | 六壬秘笈——韋千里占卜講義 | 【民國】韋千里 | 六壬入門必備 |
| 105 | 壬學述古 | 【民國】曹仁麟 | 依法占之，「無不神驗」 |
| 106 | 奇門揭要 | 心一堂編 | 集「法奇門」、「術奇門」精要 |
| 107 | 奇門行軍要略 | 【清】劉文瀾 | 條理清晰、簡明易用 |
| 108 | 奇門大宗直旨 | 劉毗 | 天下孤本　首次公開 |
| 109 | 奇門三奇干支神應 | 馮繼明 | 虛白廬藏本《秘藏遁甲天機》 |
| 110 | 奇門仙機 | 題【漢】張子房 | 奇門不傳之秘　應驗如神 |
| 111 | 奇門心法秘纂 | 題【漢】韓信（淮陰侯） | |
| 112 | 奇門廬中闡秘 | 題【三國】諸葛武侯註 | |
| **選擇類** | | | |
| 113－114 | 儀度六壬選日要訣 | 【清】張九儀 | 清初三合風水名家張九儀擇日秘傳 |
| 115 | 天元選擇辨正 | 【清】一園主人 | 釋蔣大鴻天元選擇法 |
| **其他類** | | | |
| 116 | 述卜筮星相學 | 【民國】袁樹珊 | 民初二大命理家南袁北韋 |
| 117－120 | 中國歷代卜人傳 | 【民國】袁樹珊 | 南袁之術數經典 |